_____

_____

_____

_____

Questo Libro

Appartient à

_____   _____

_____

_____

BICICLETTA SPORCA LIBRO DA COLORARE

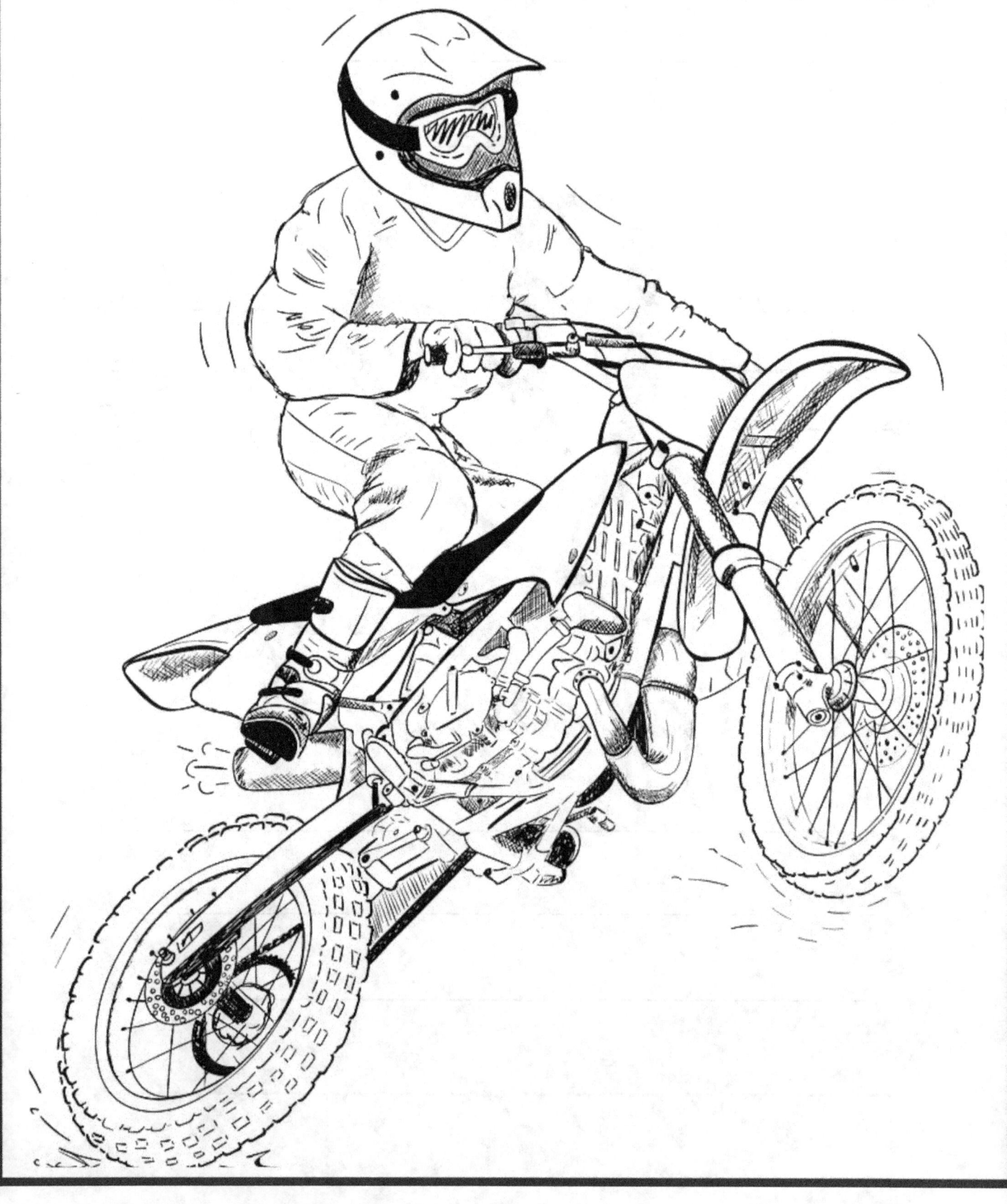

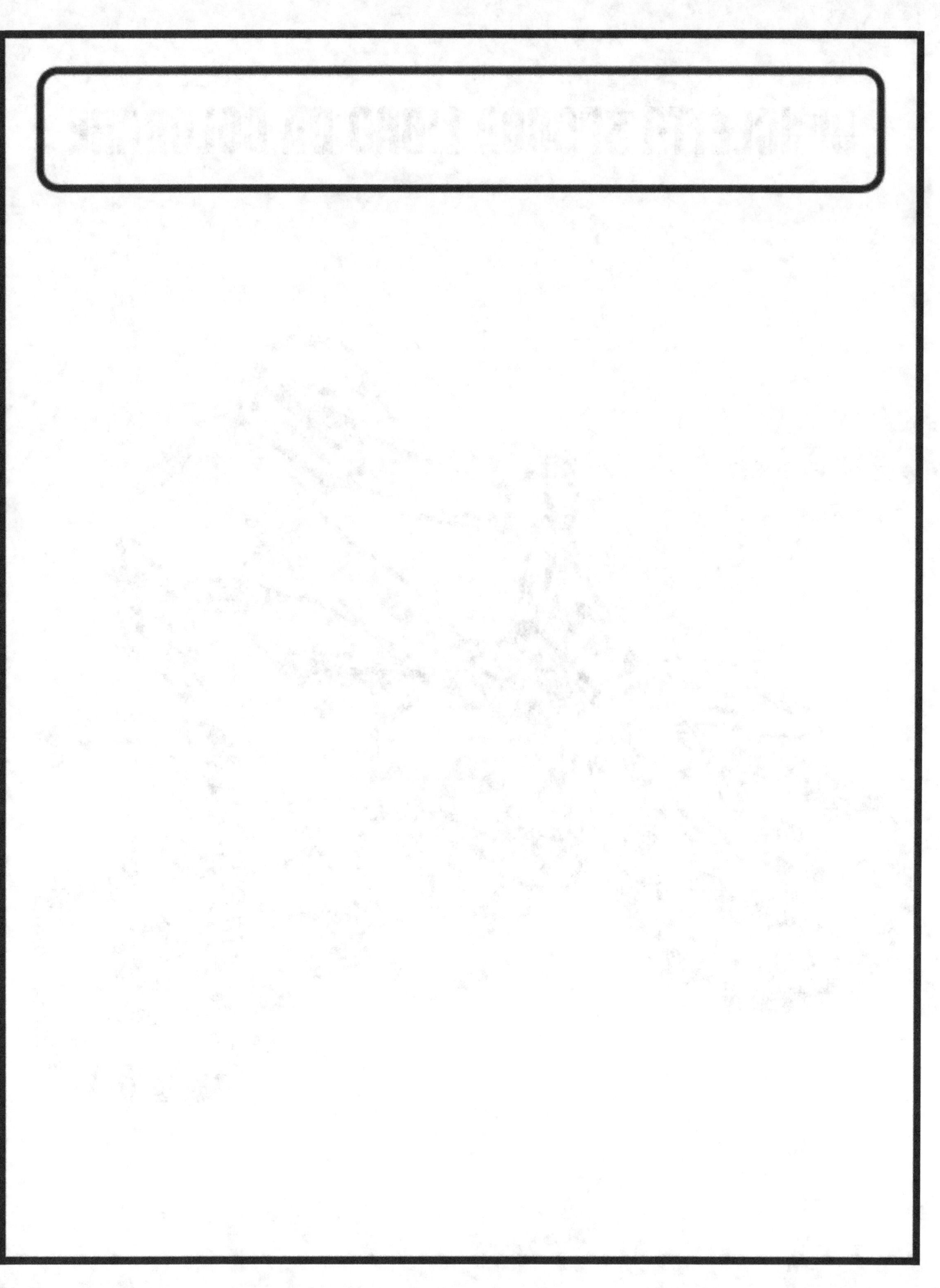

BICICLETTA SPORCA LIBRO DA COLORARE

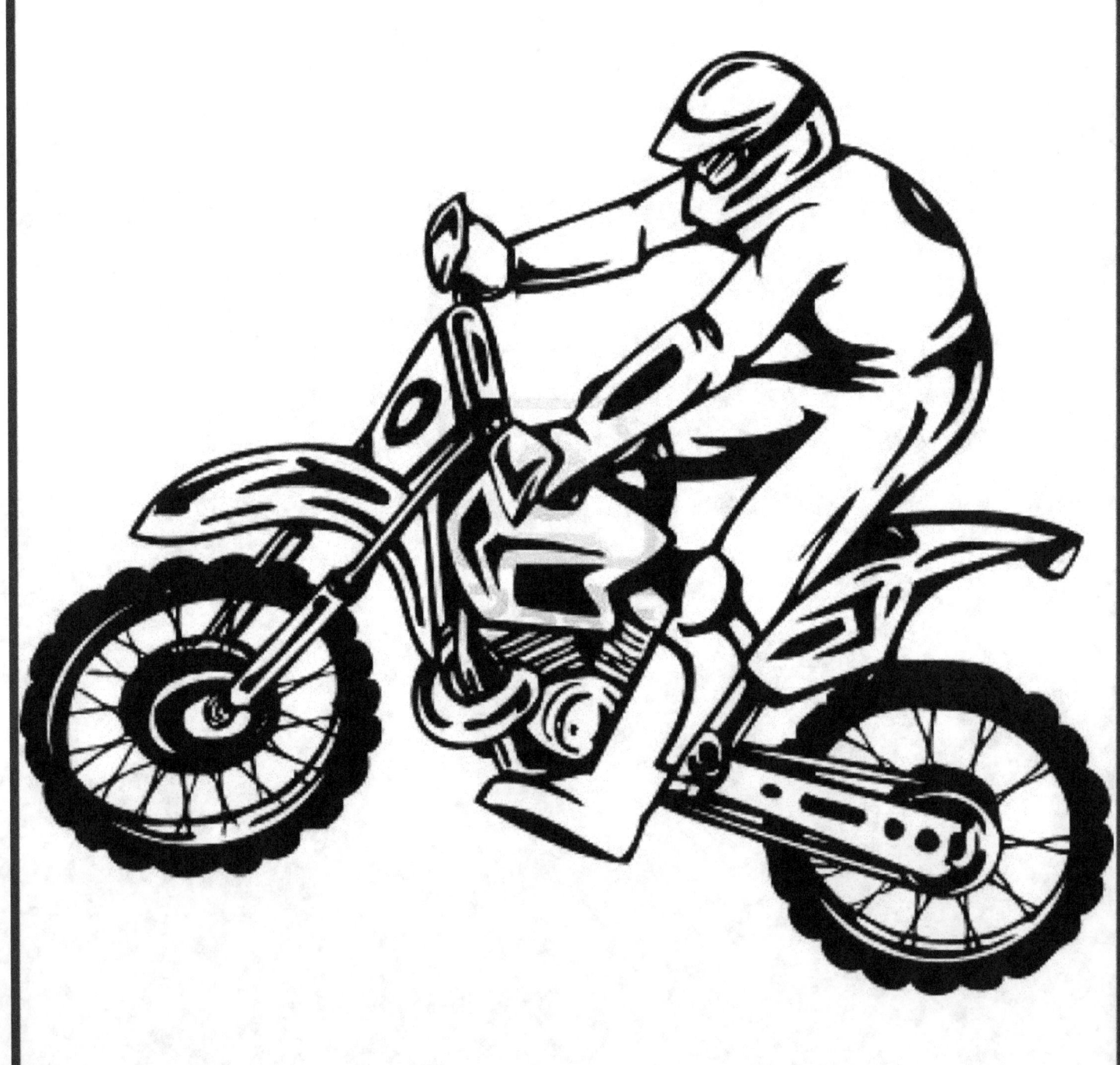

BICICLETTA SPORCA LIBRO DA COLORARE

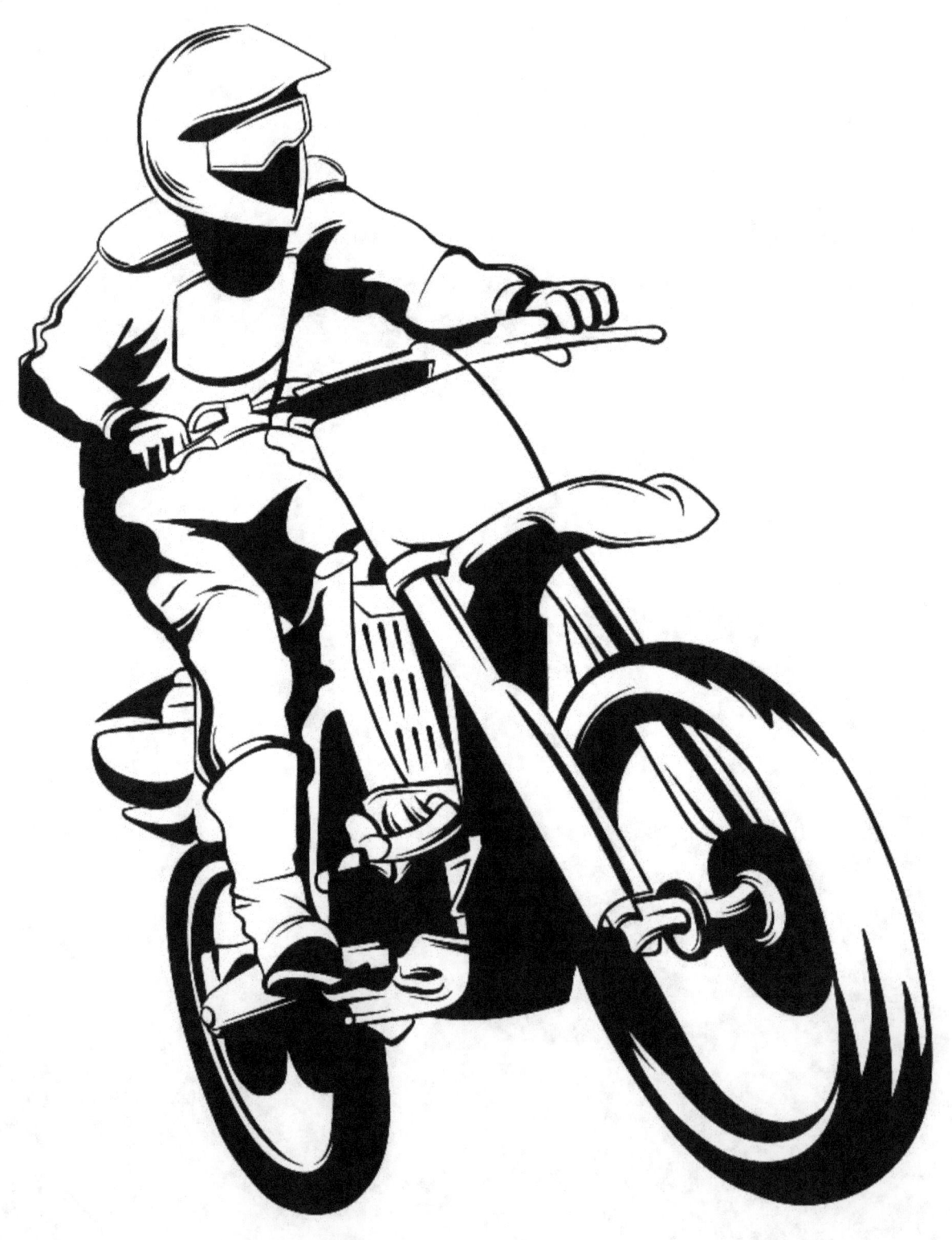

BICICLETTA SPORCA LIBRO DA COLORARE

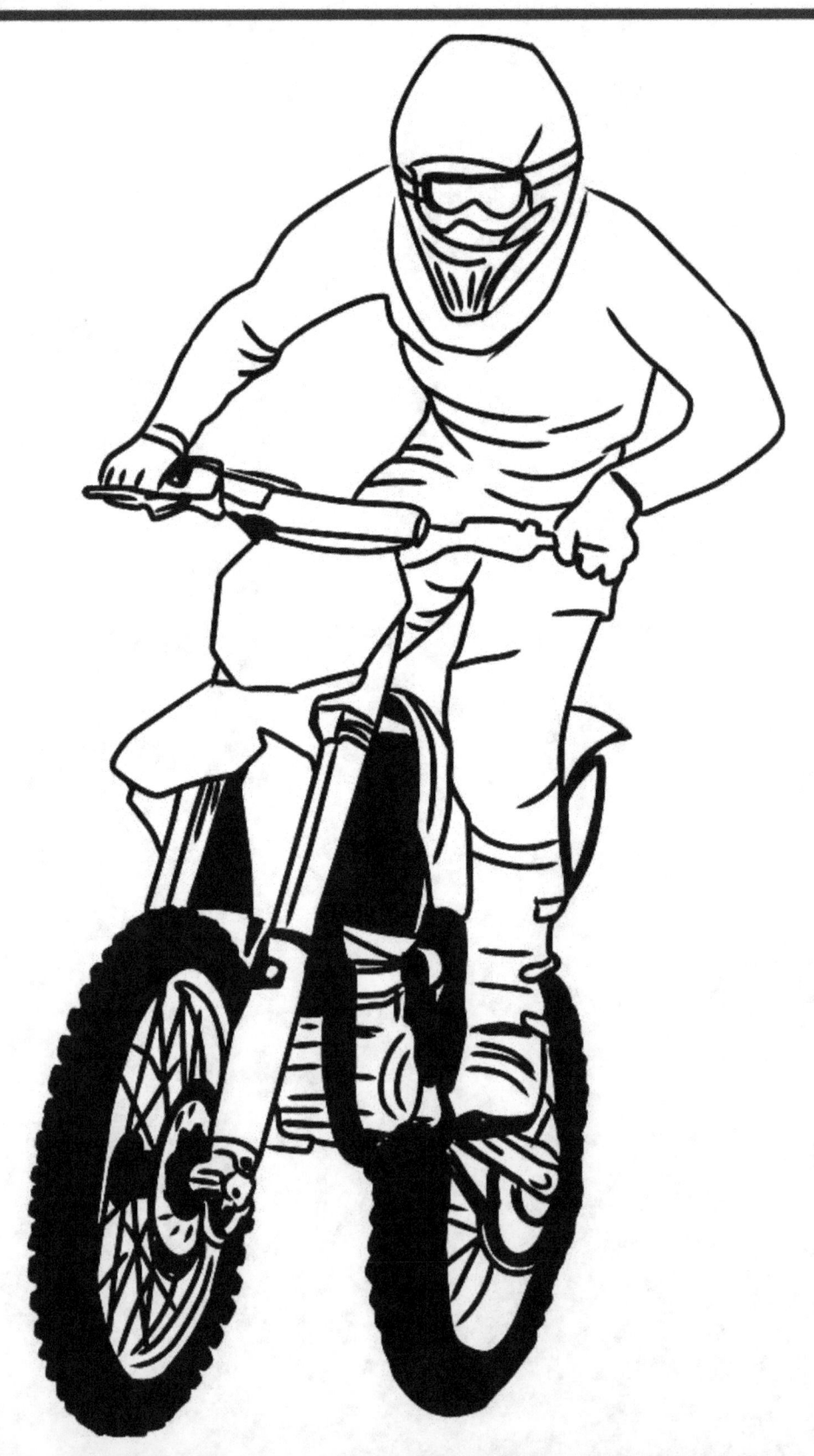

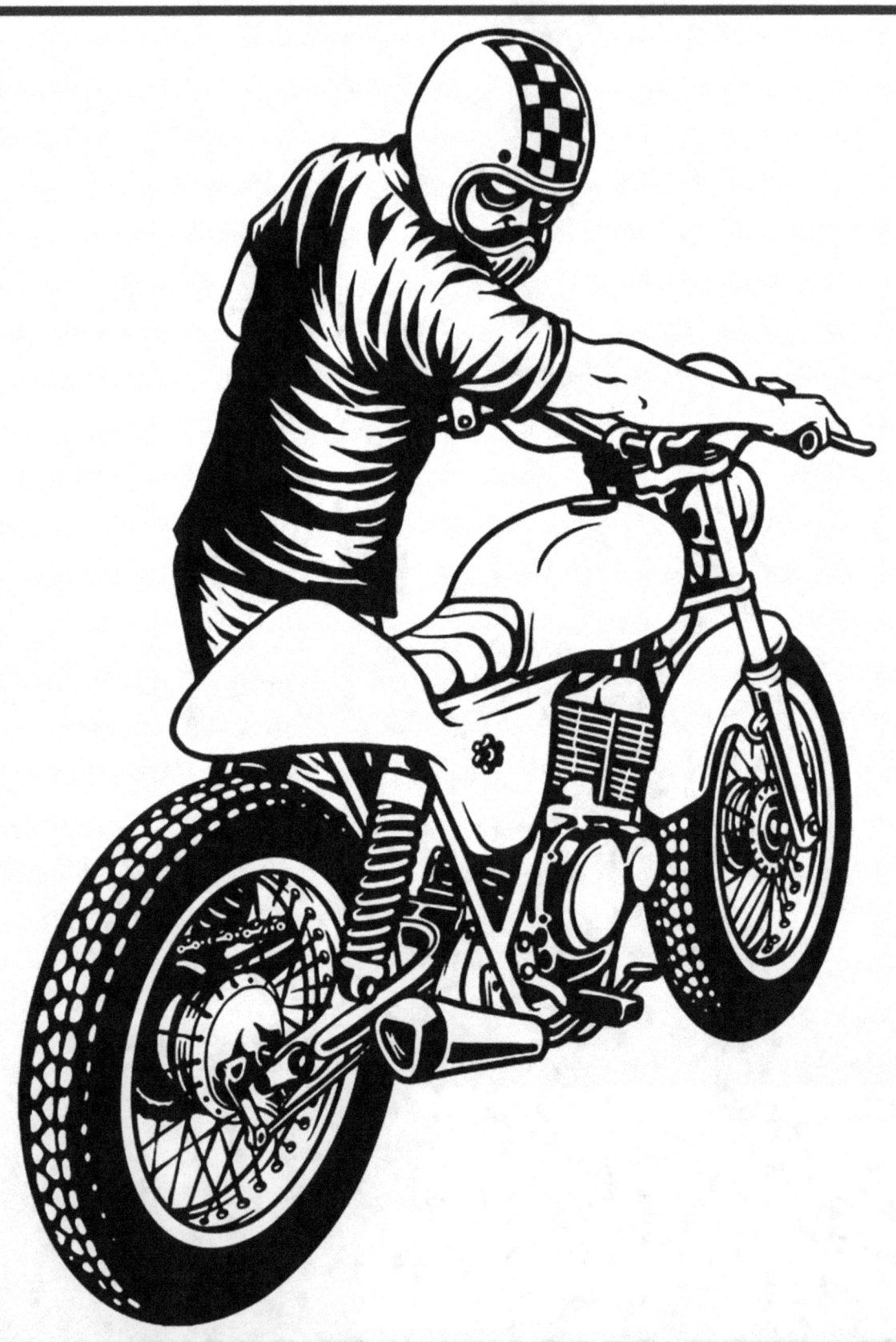

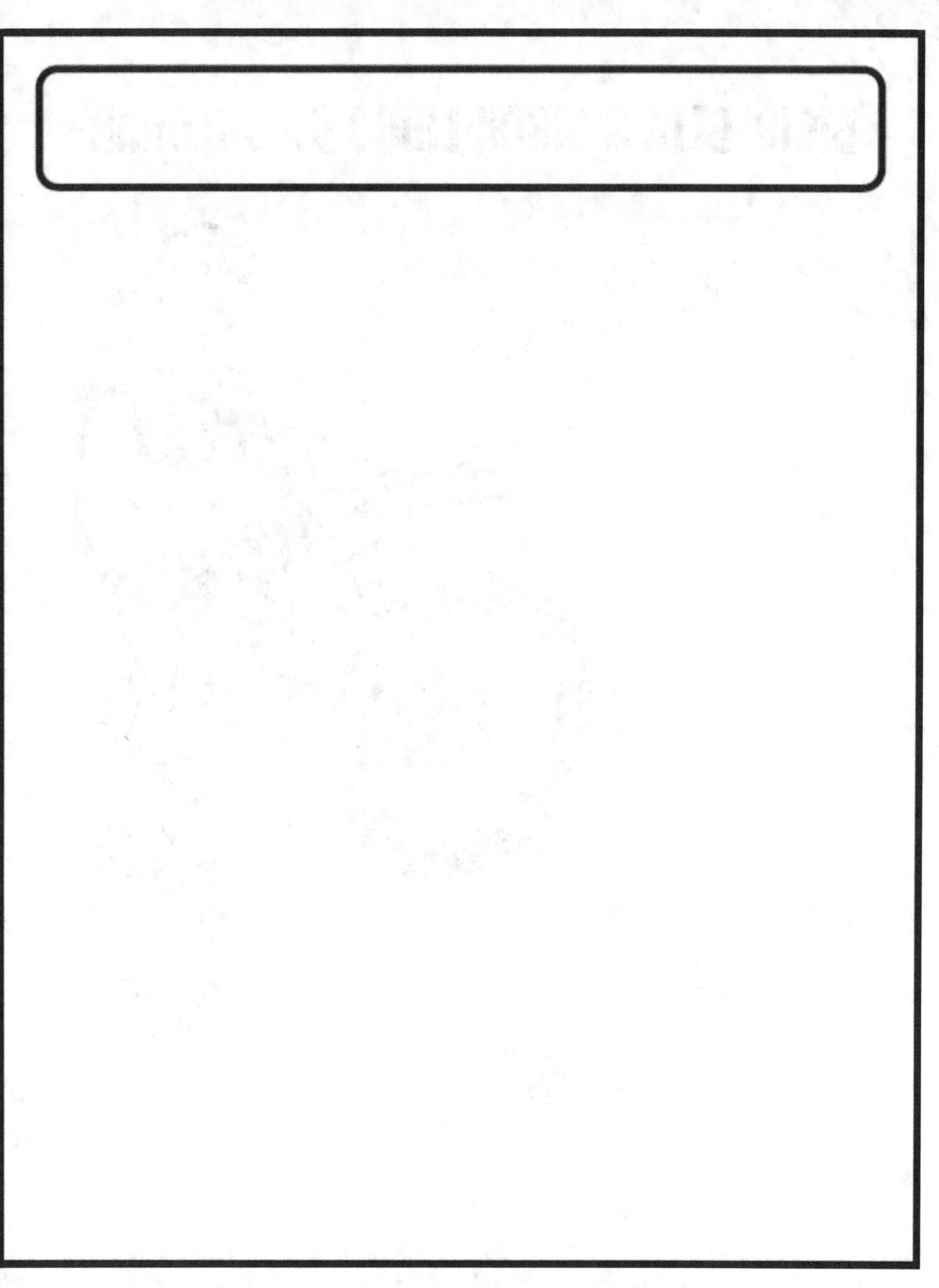

BICICLETTA SPORCA LIBRO DA COLORARE

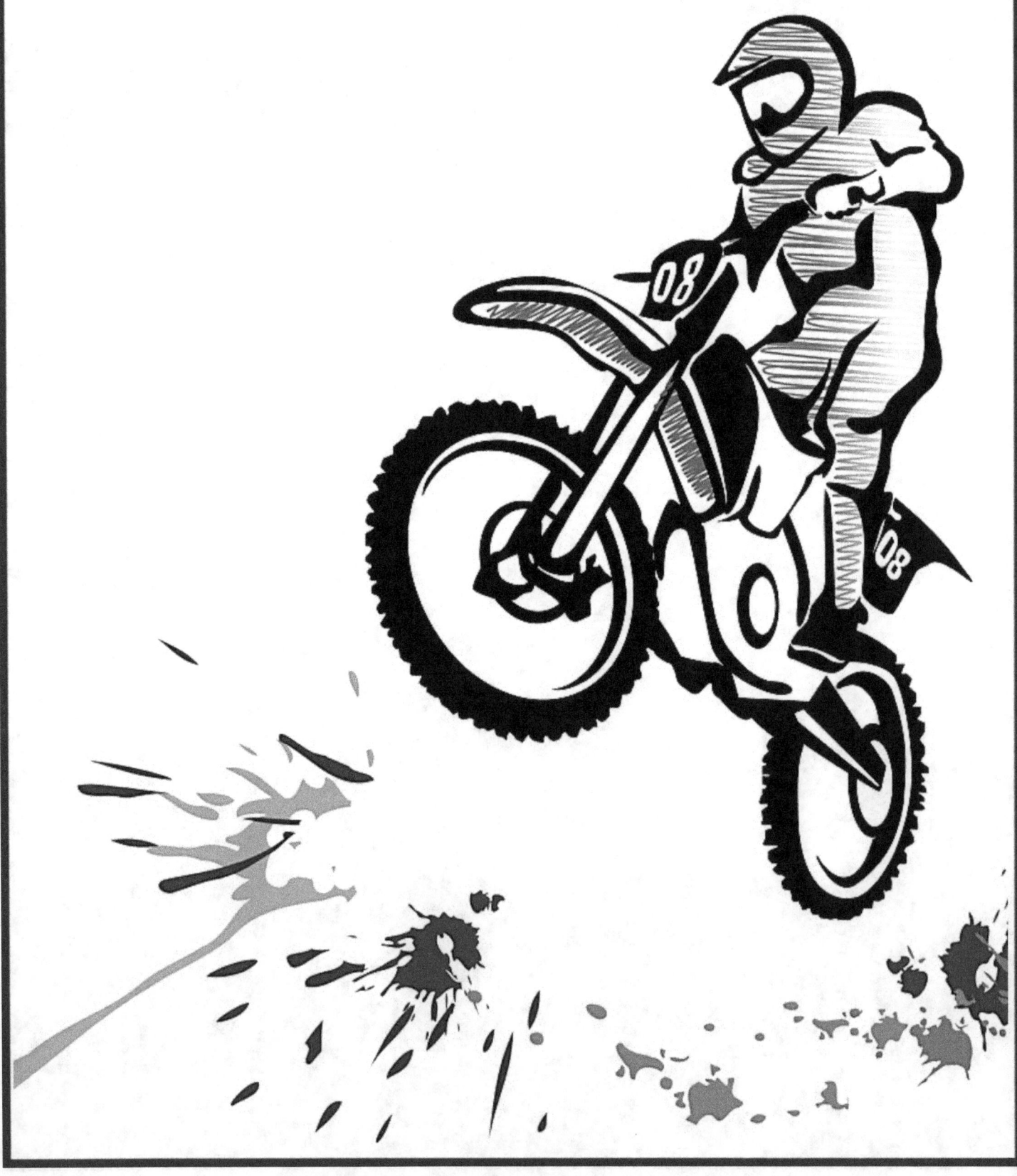

BICICLETTA SPORCA LIBRO DA COLORARE

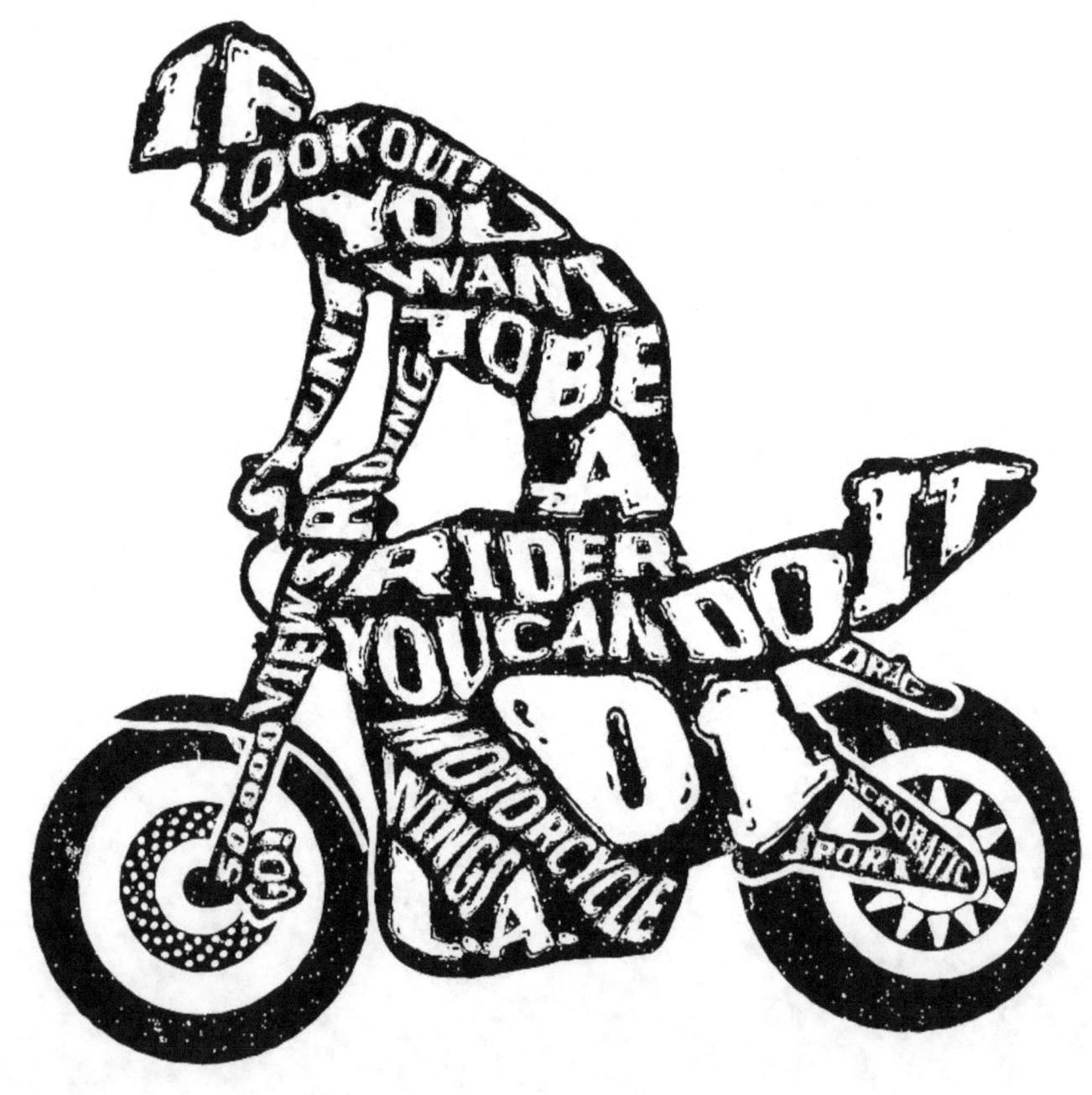

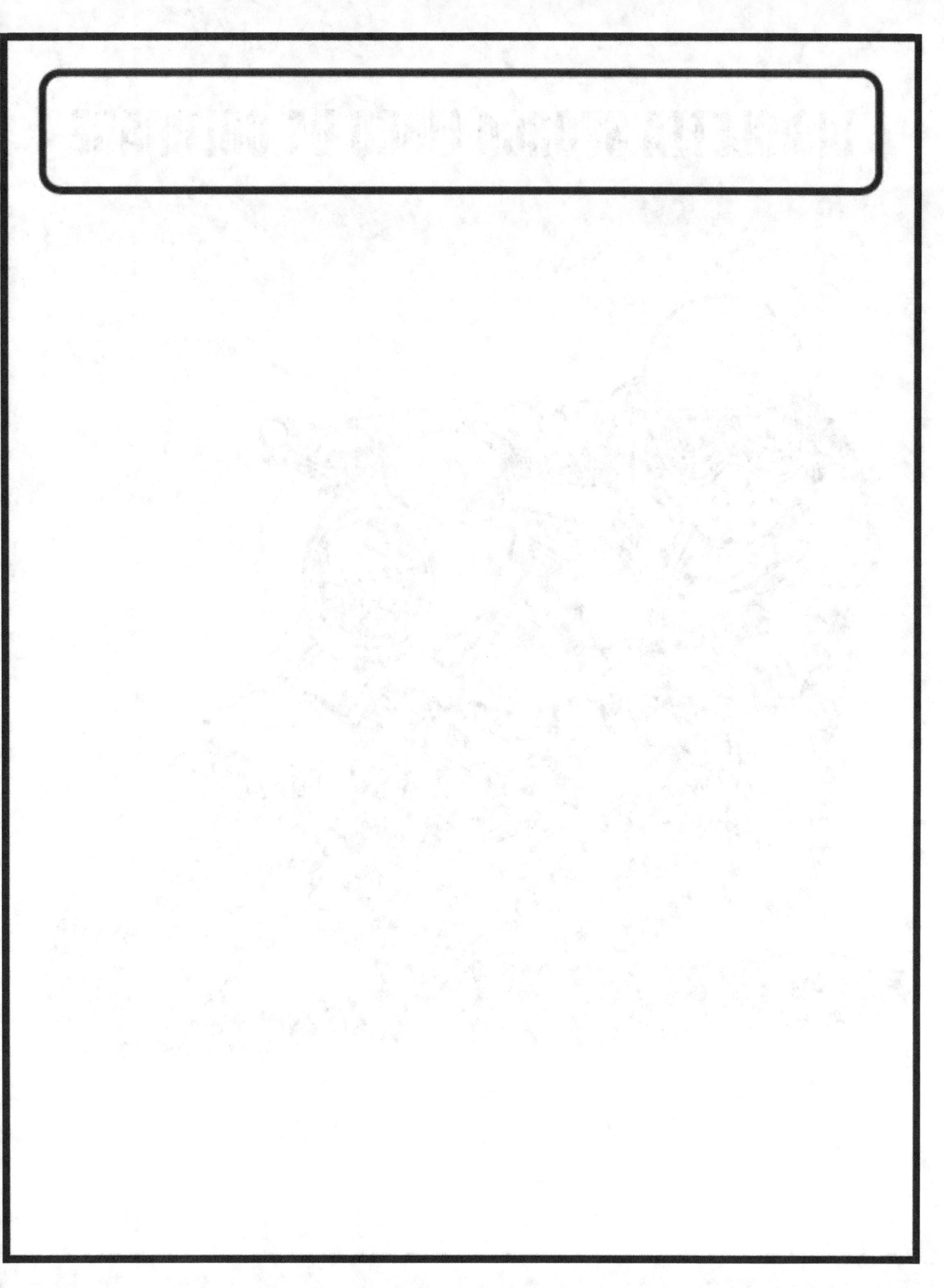

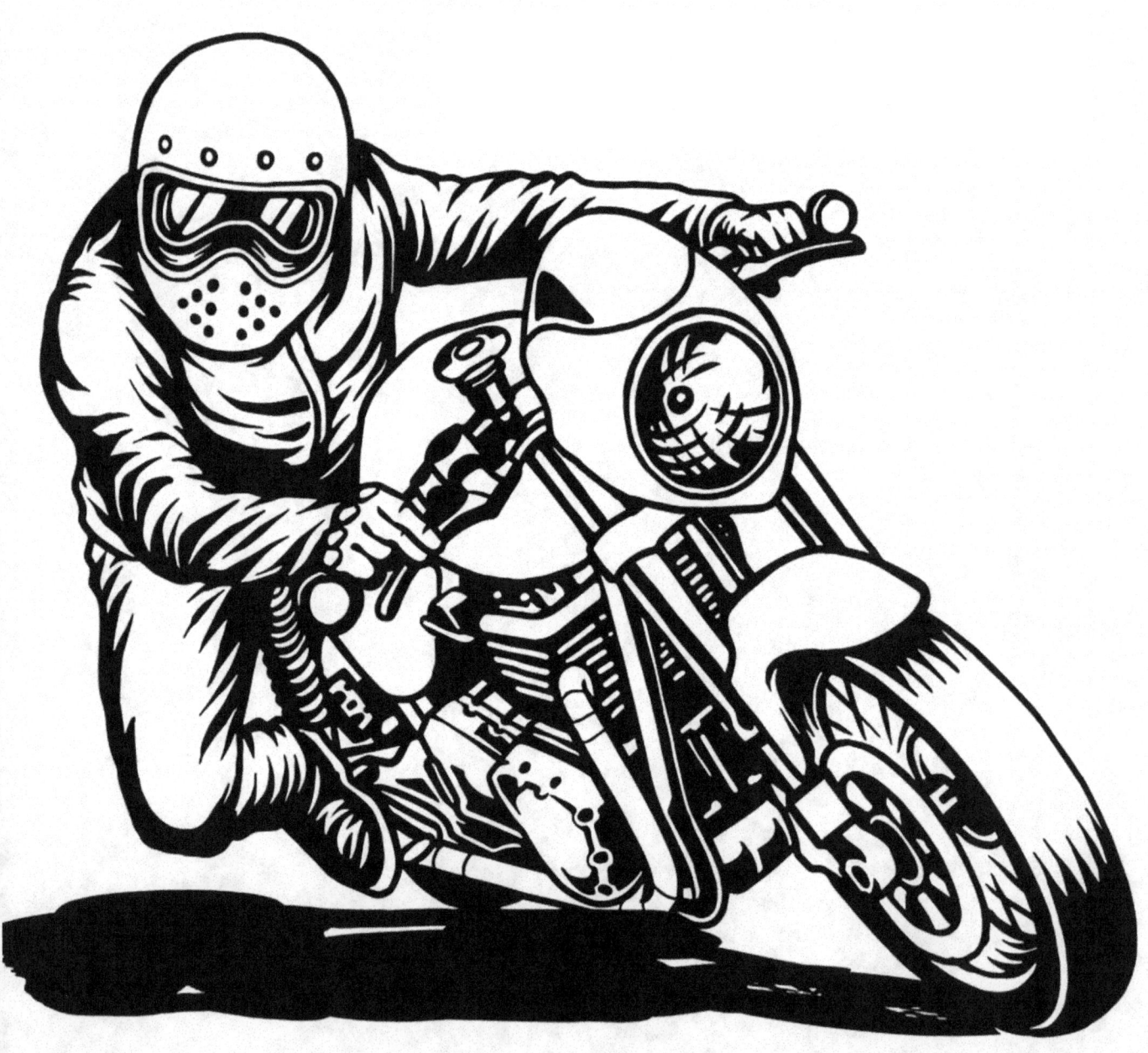

BICICLETTA SPORCA LIBRO DA COLORARE

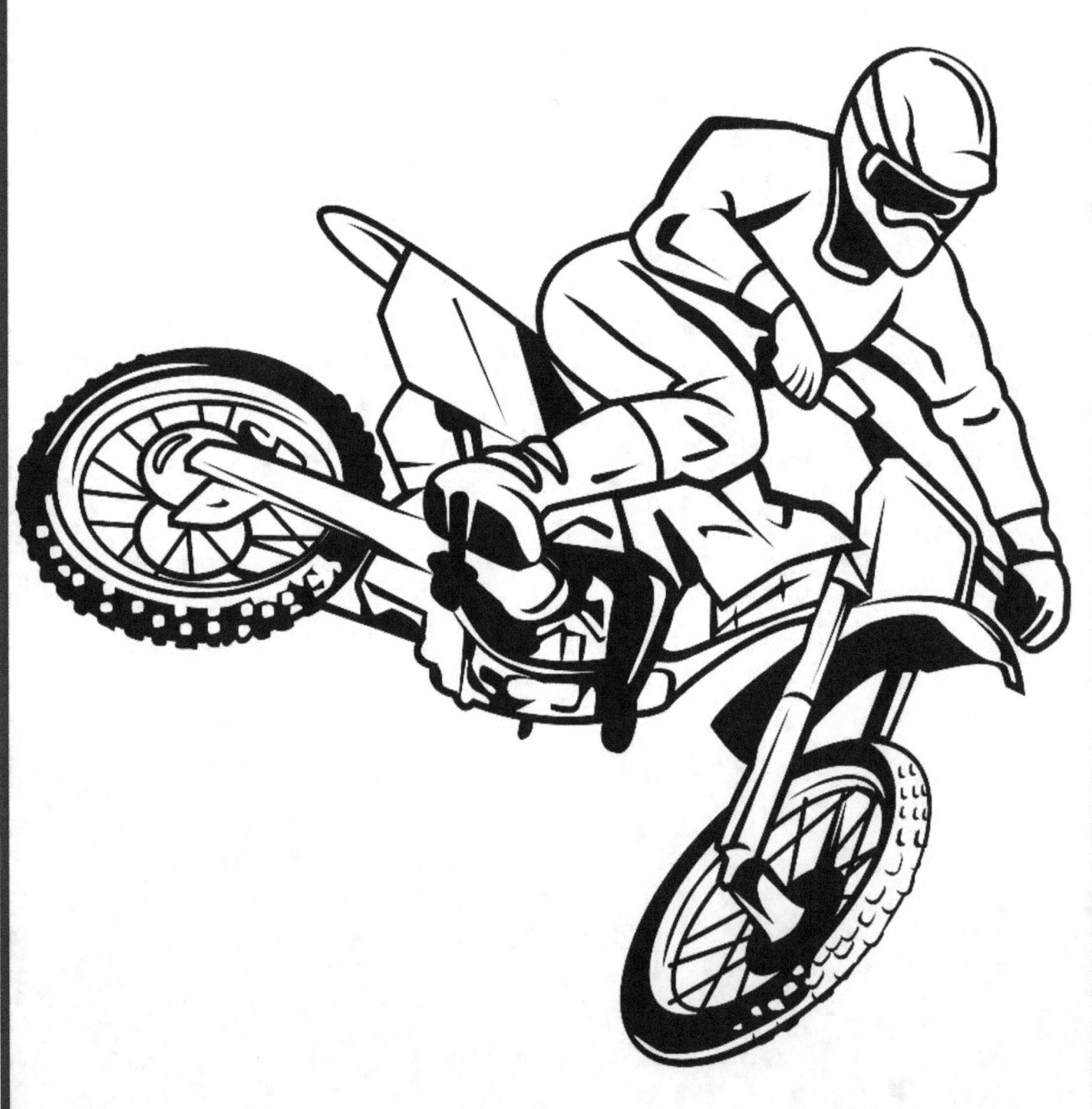

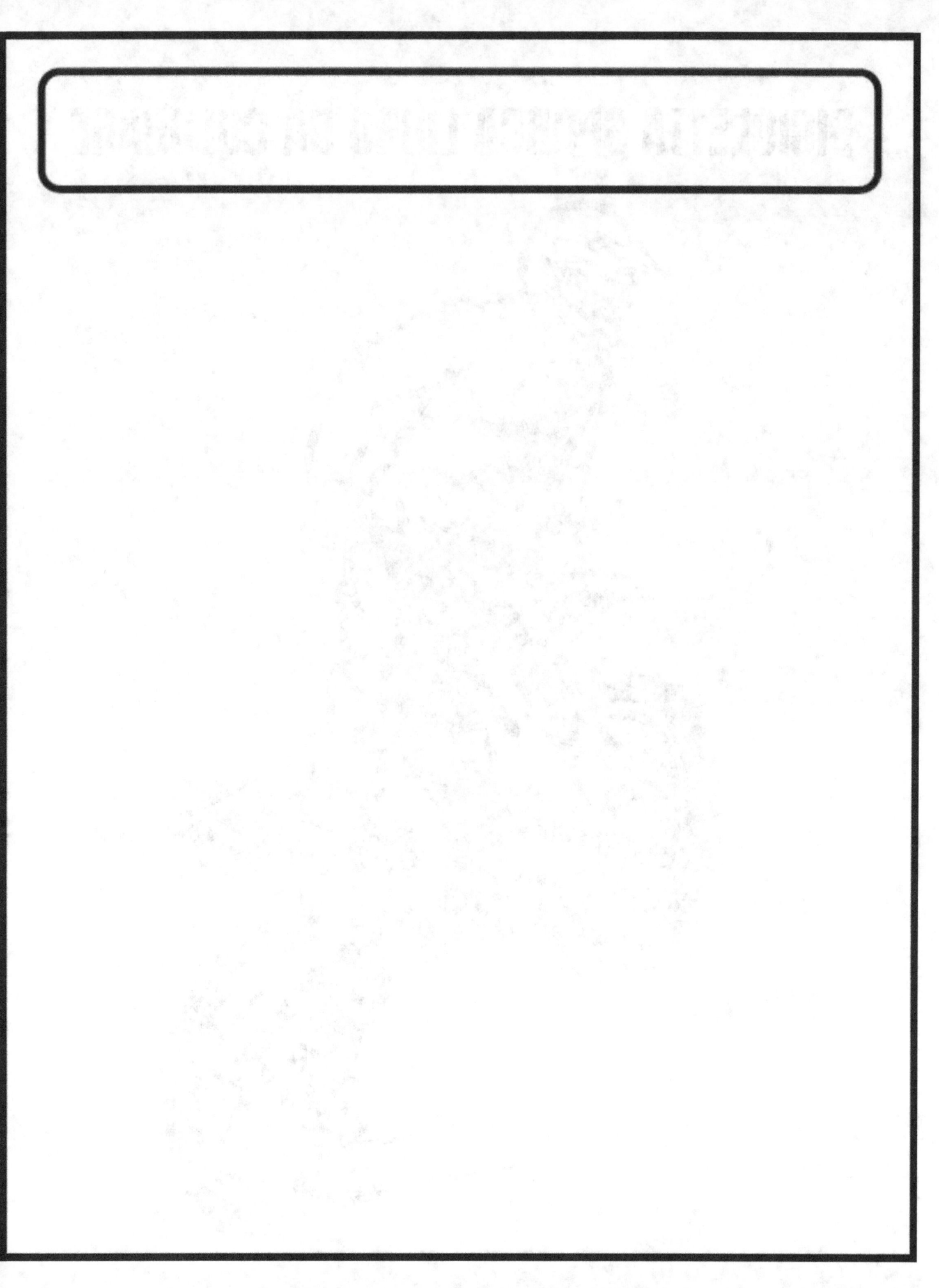

BICICLETTA SPORCA LIBRO DA COLORARE

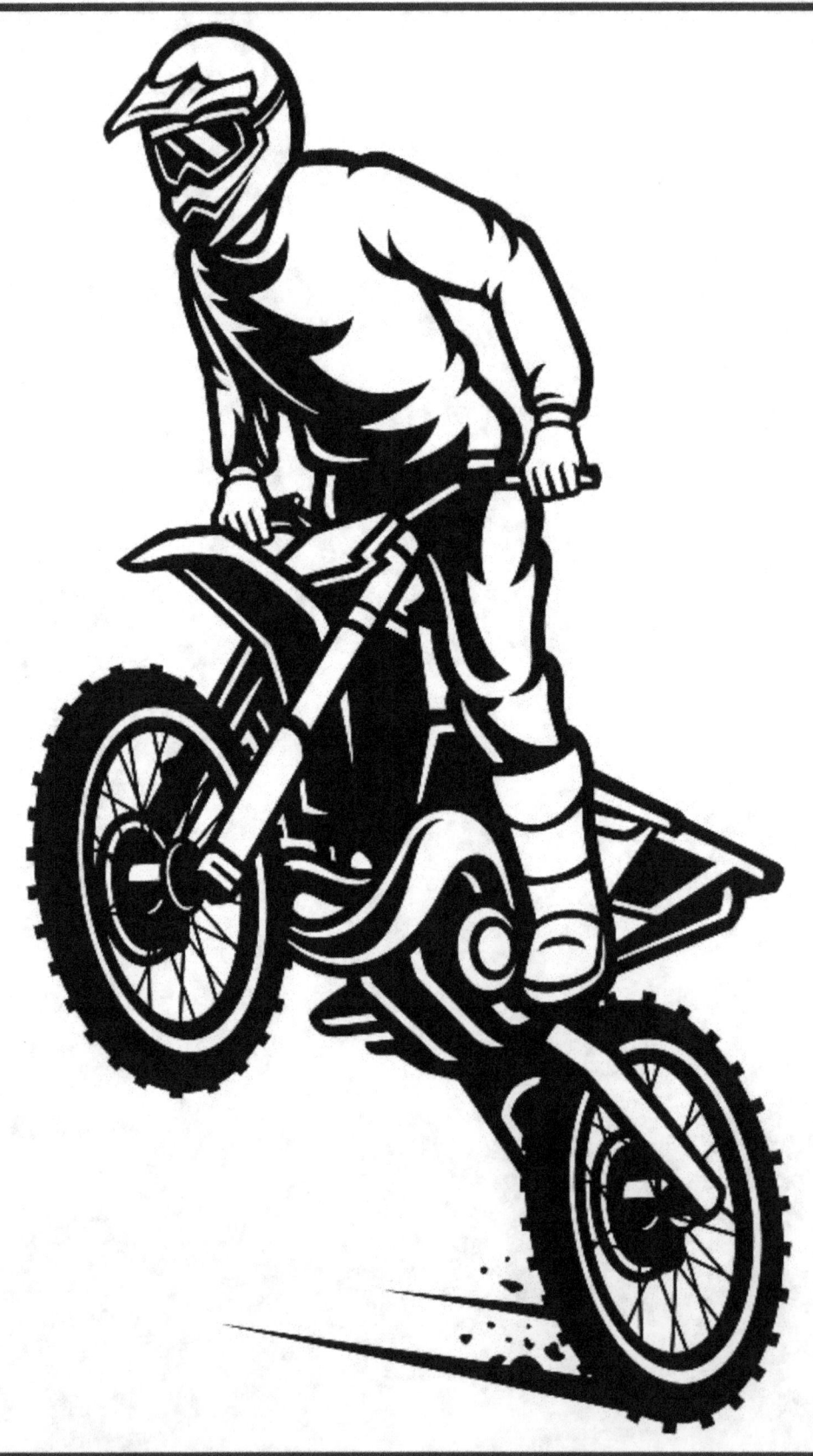

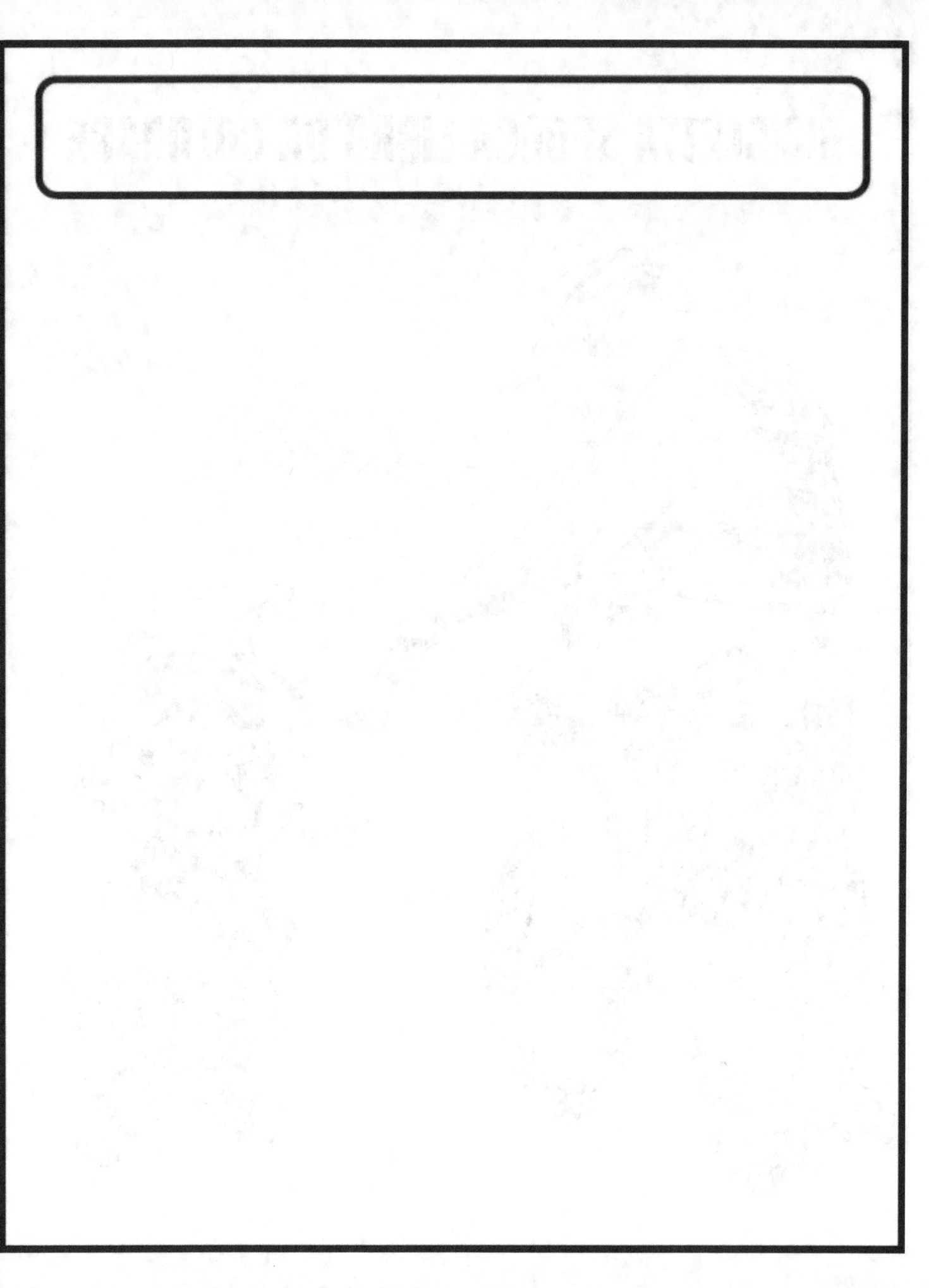

BICICLETTA SPORCA LIBRO DA COLORARE

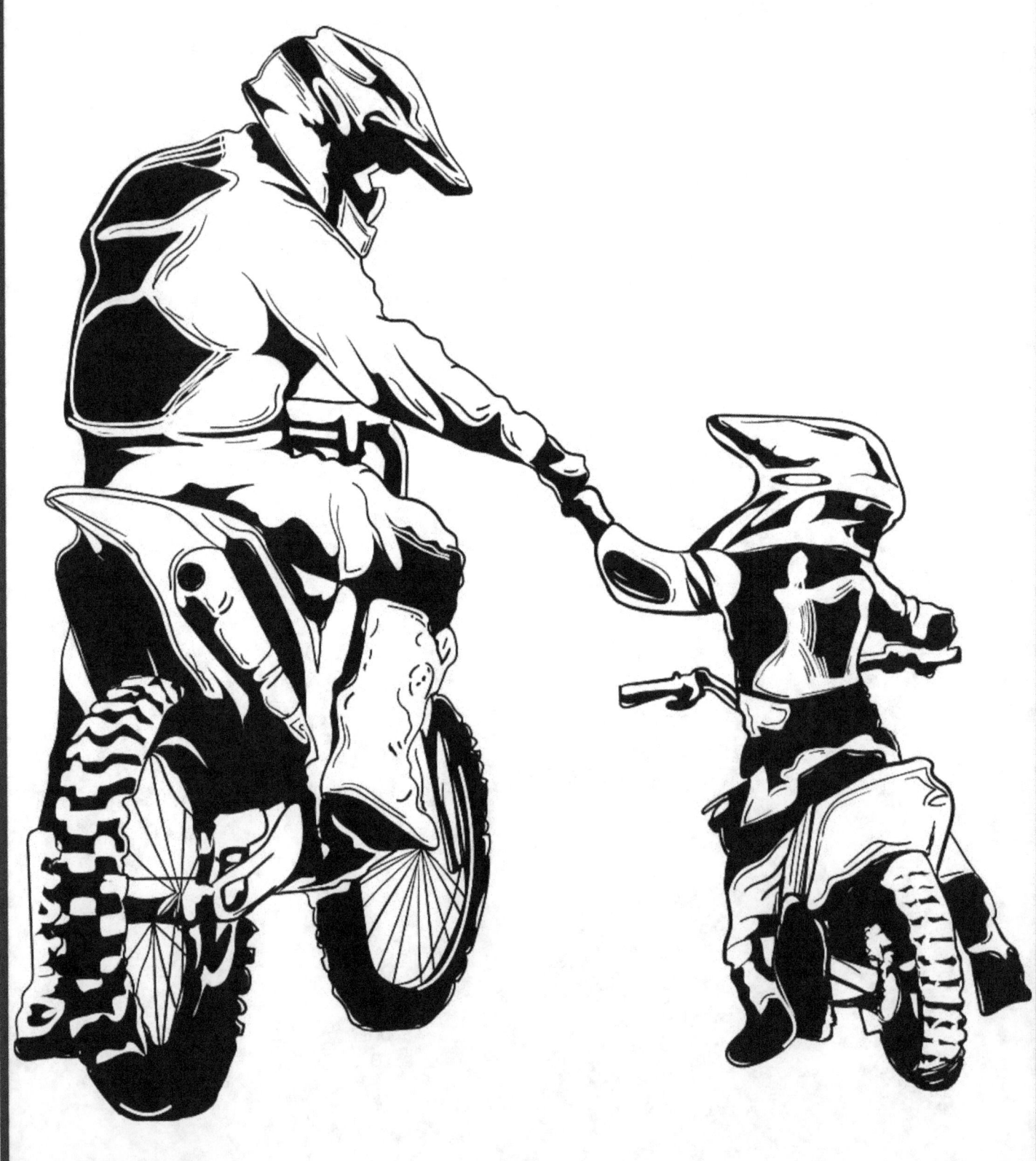

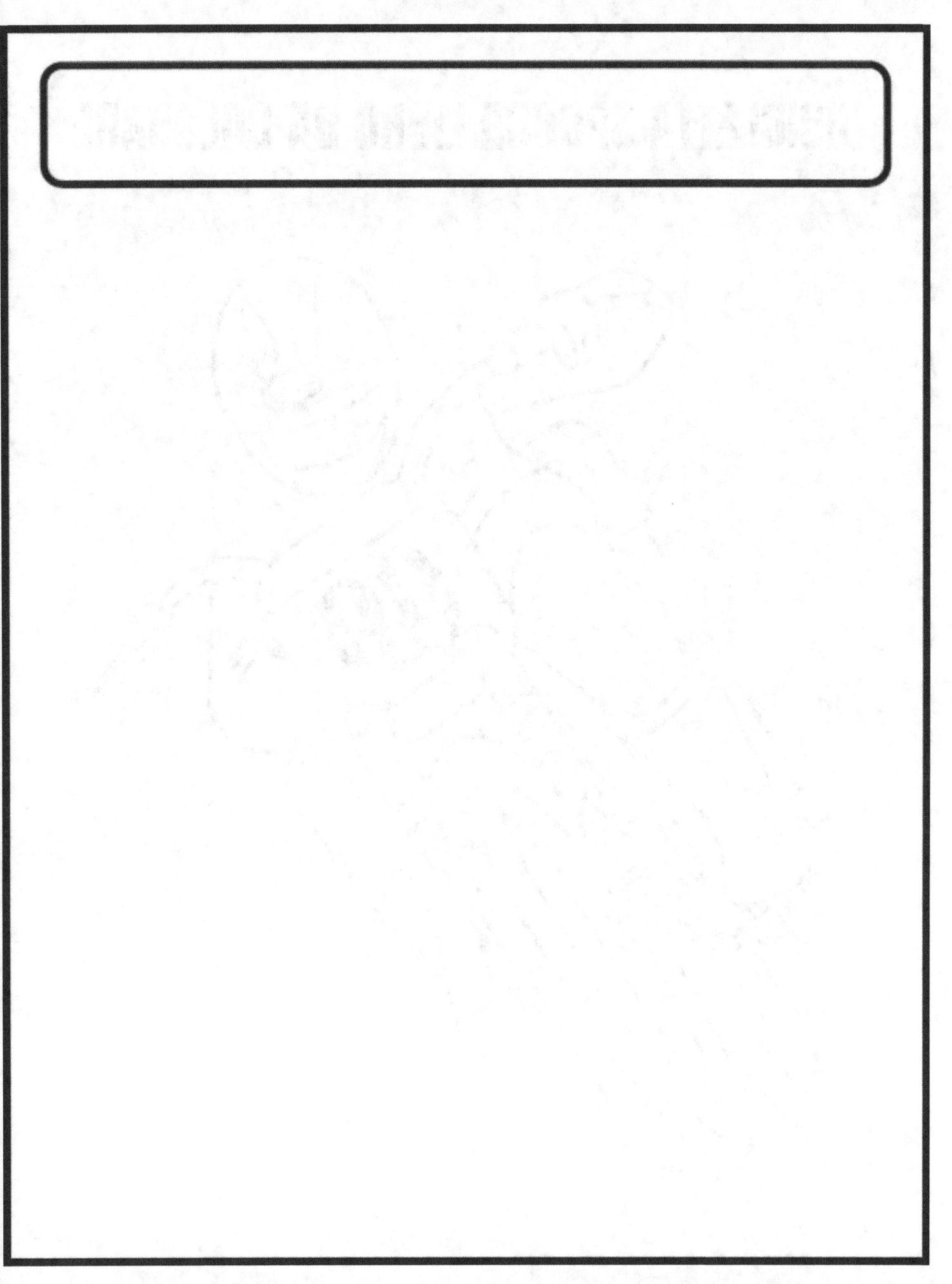

BICICLETTA SPORCA LIBRO DA COLORARE

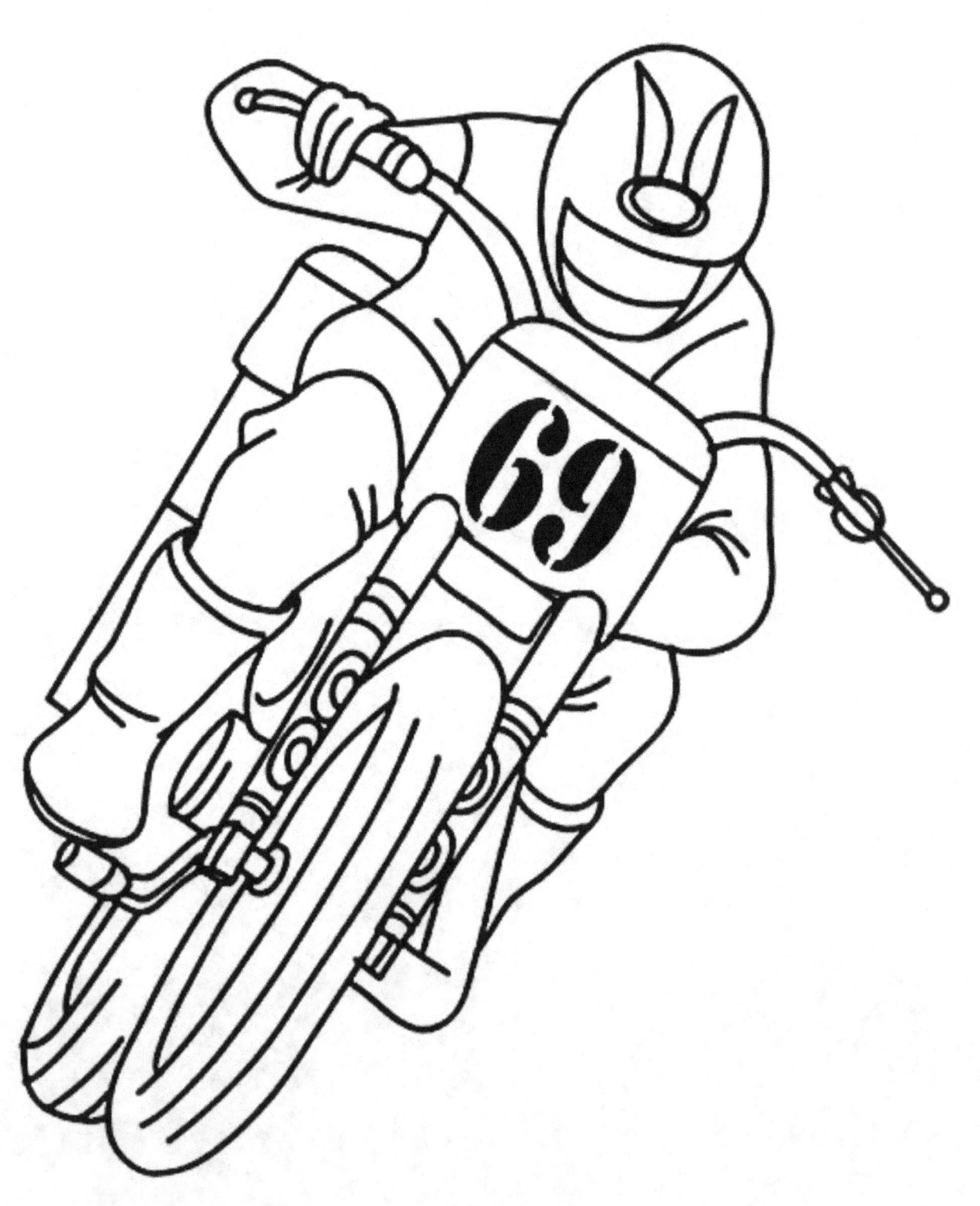

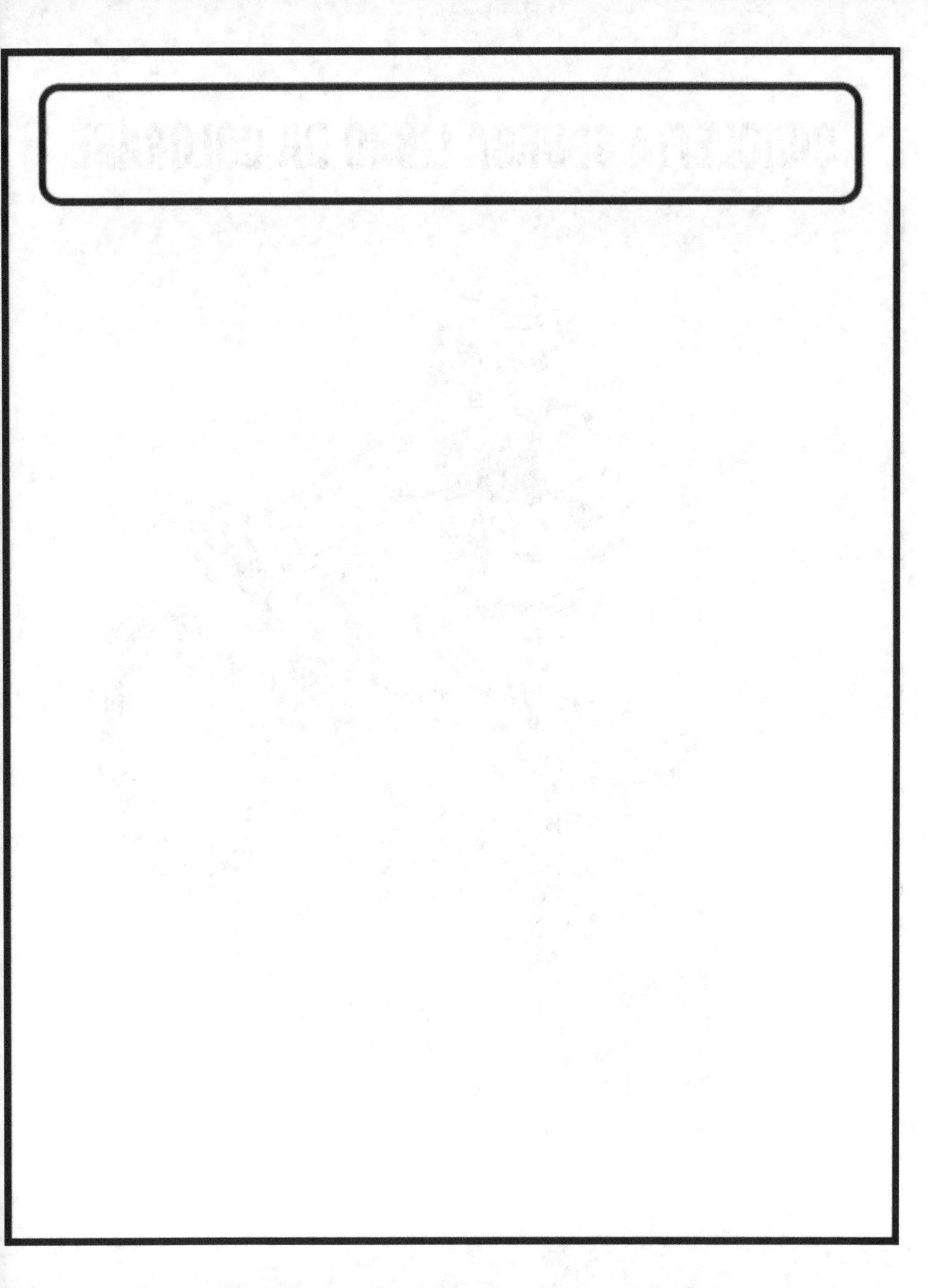

BICICLETTA SPORCA LIBRO DA COLORARE

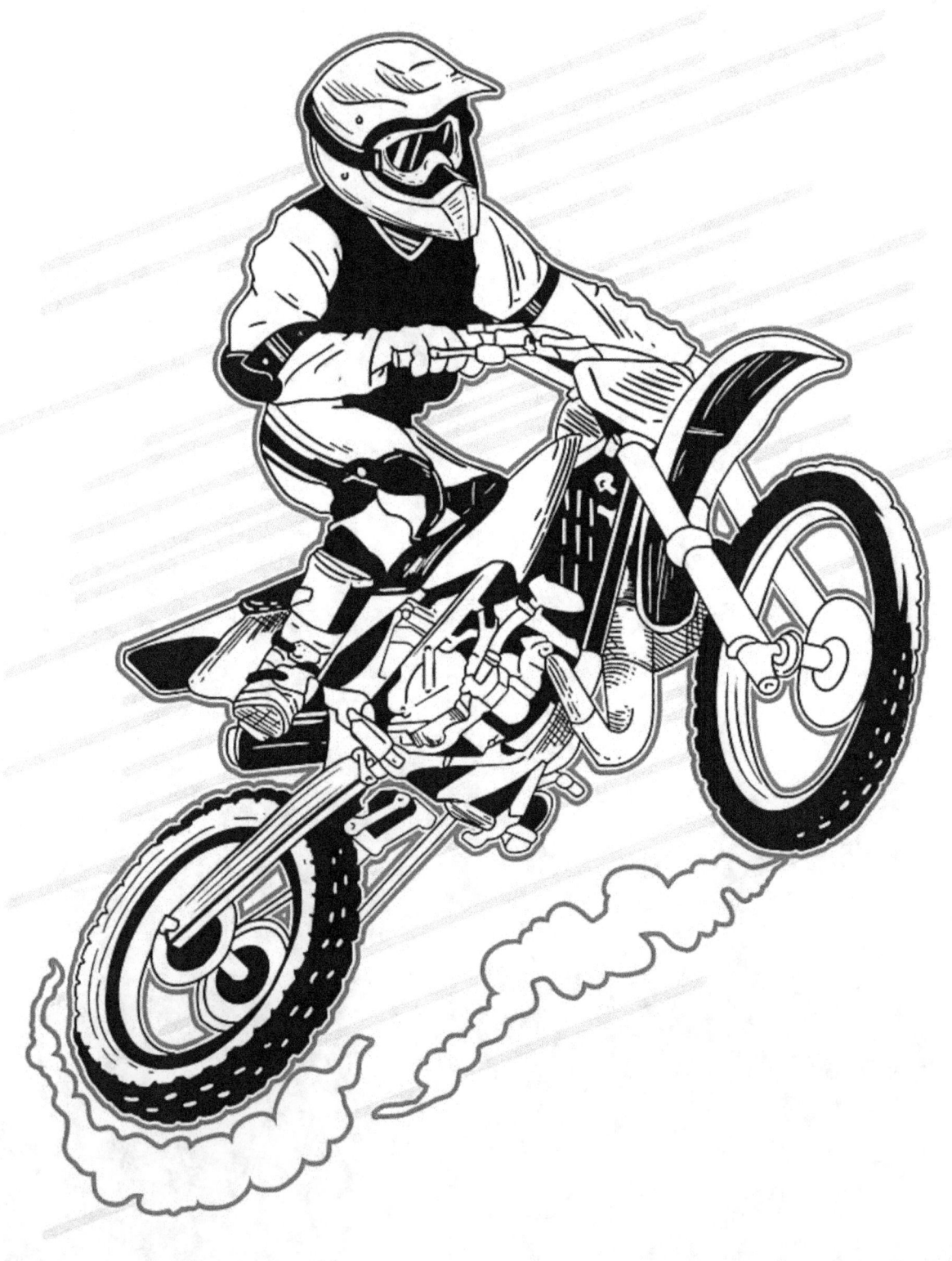

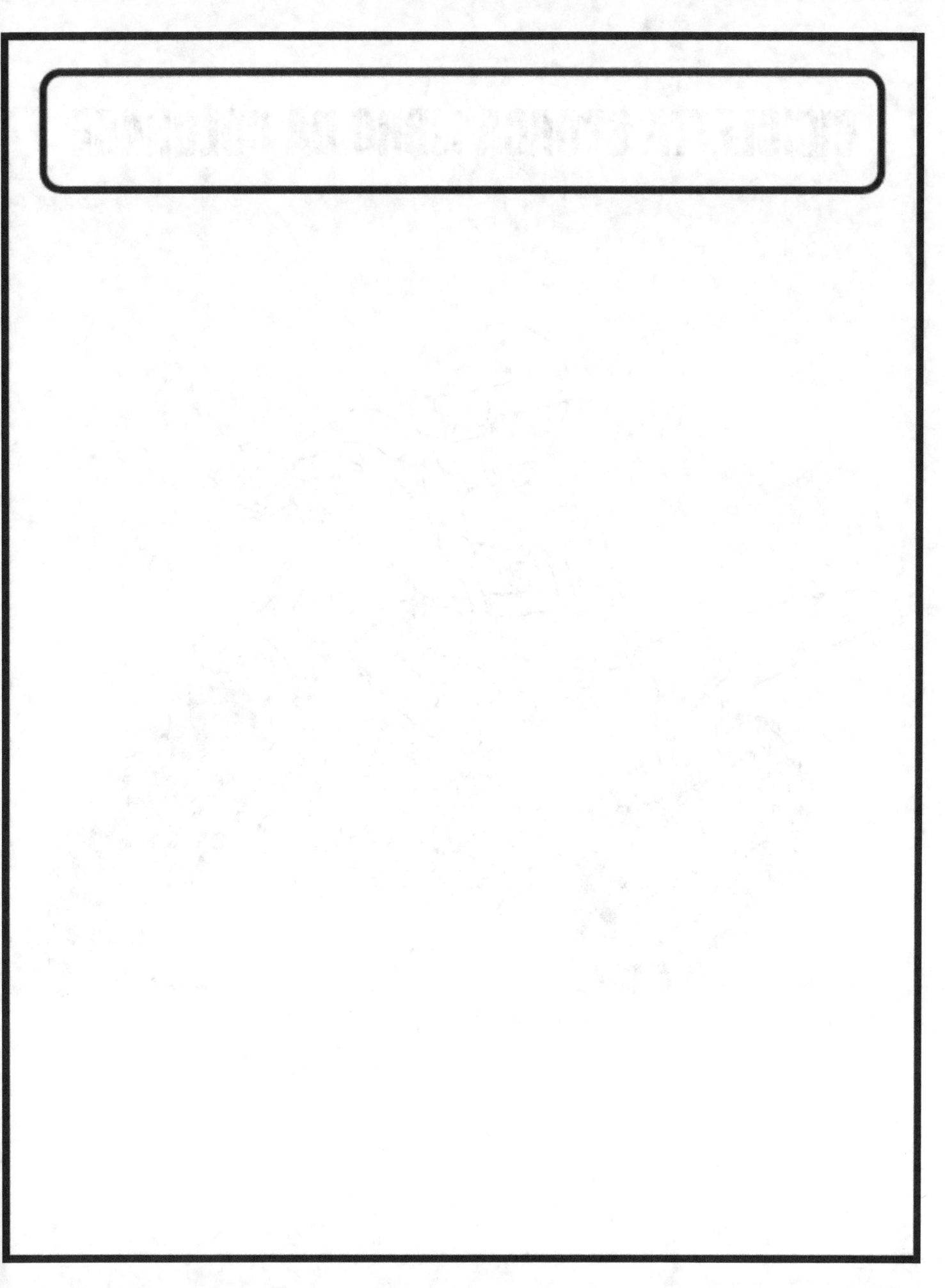

BICICLETTA SPORCA LIBRO DA COLORARE

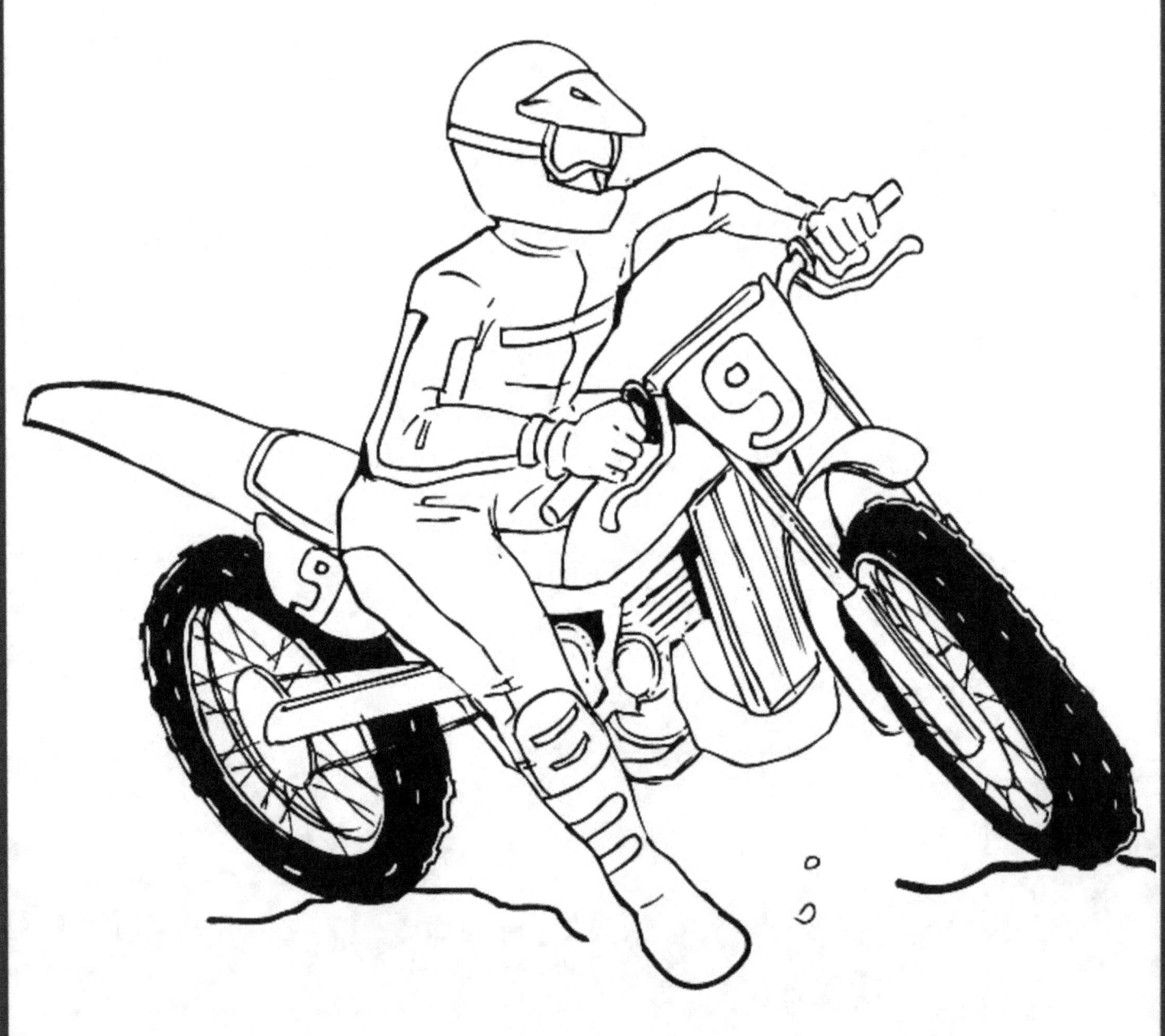

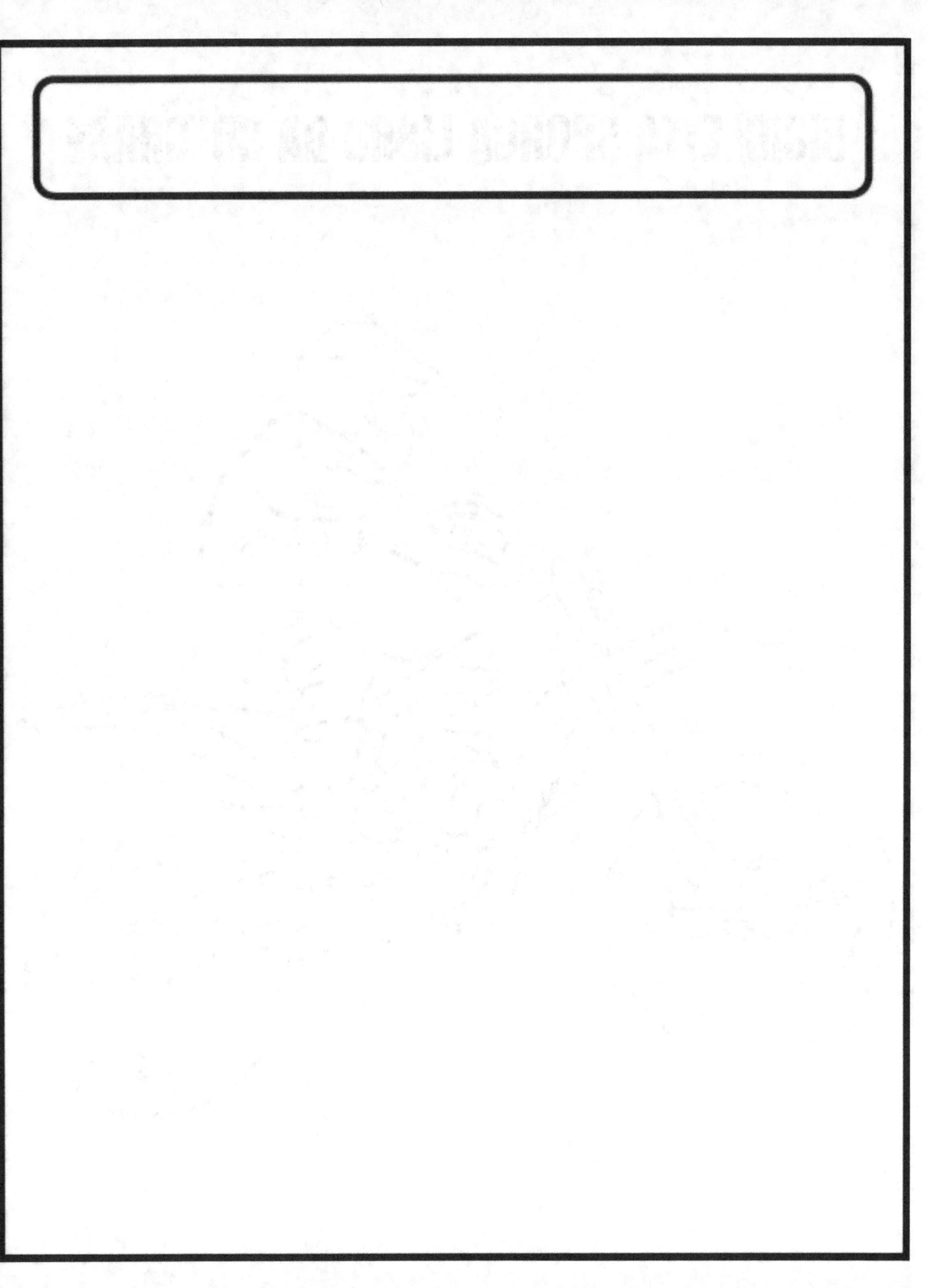

BICICLETTA SPORCA LIBRO DA COLORARE

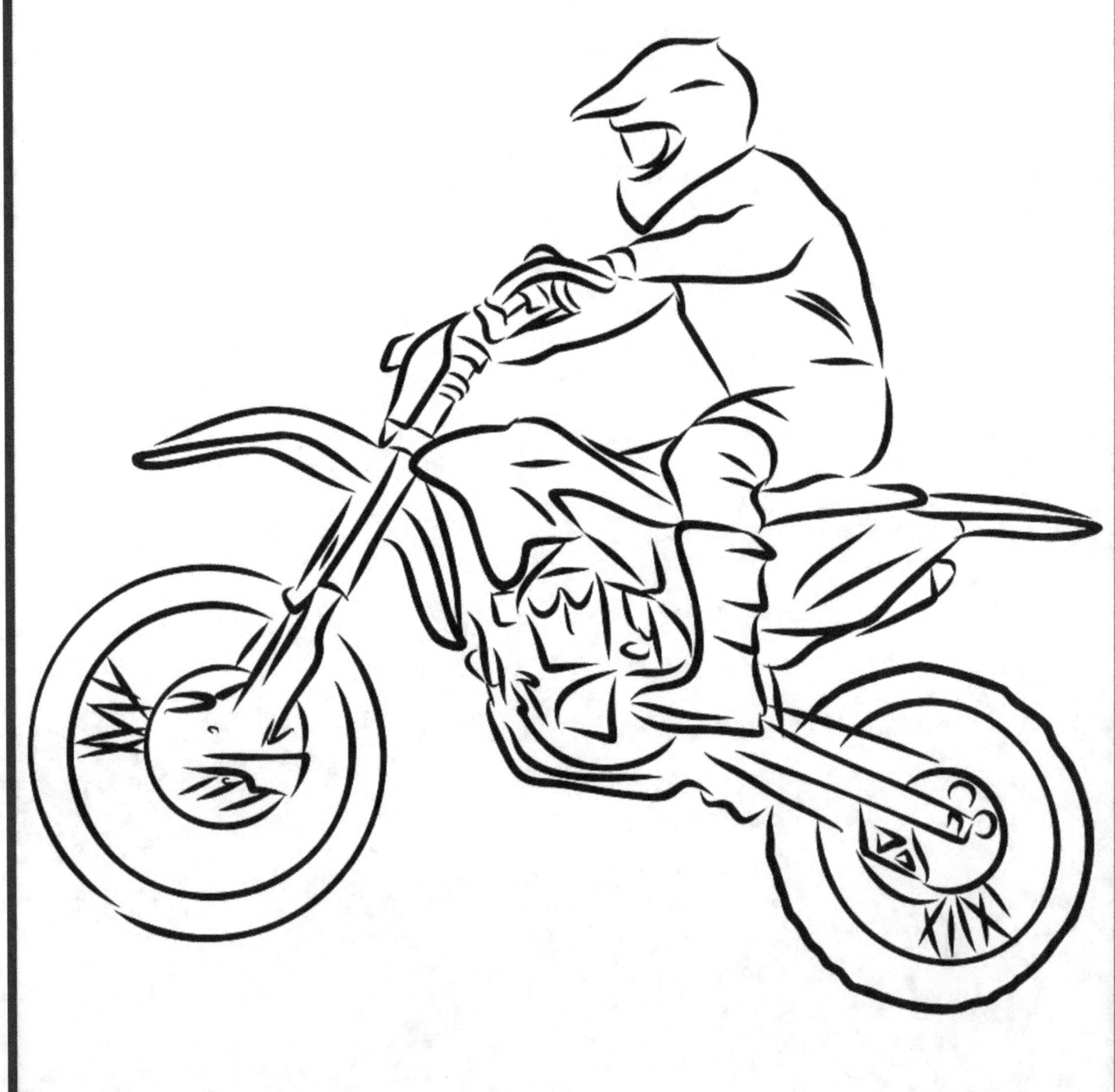

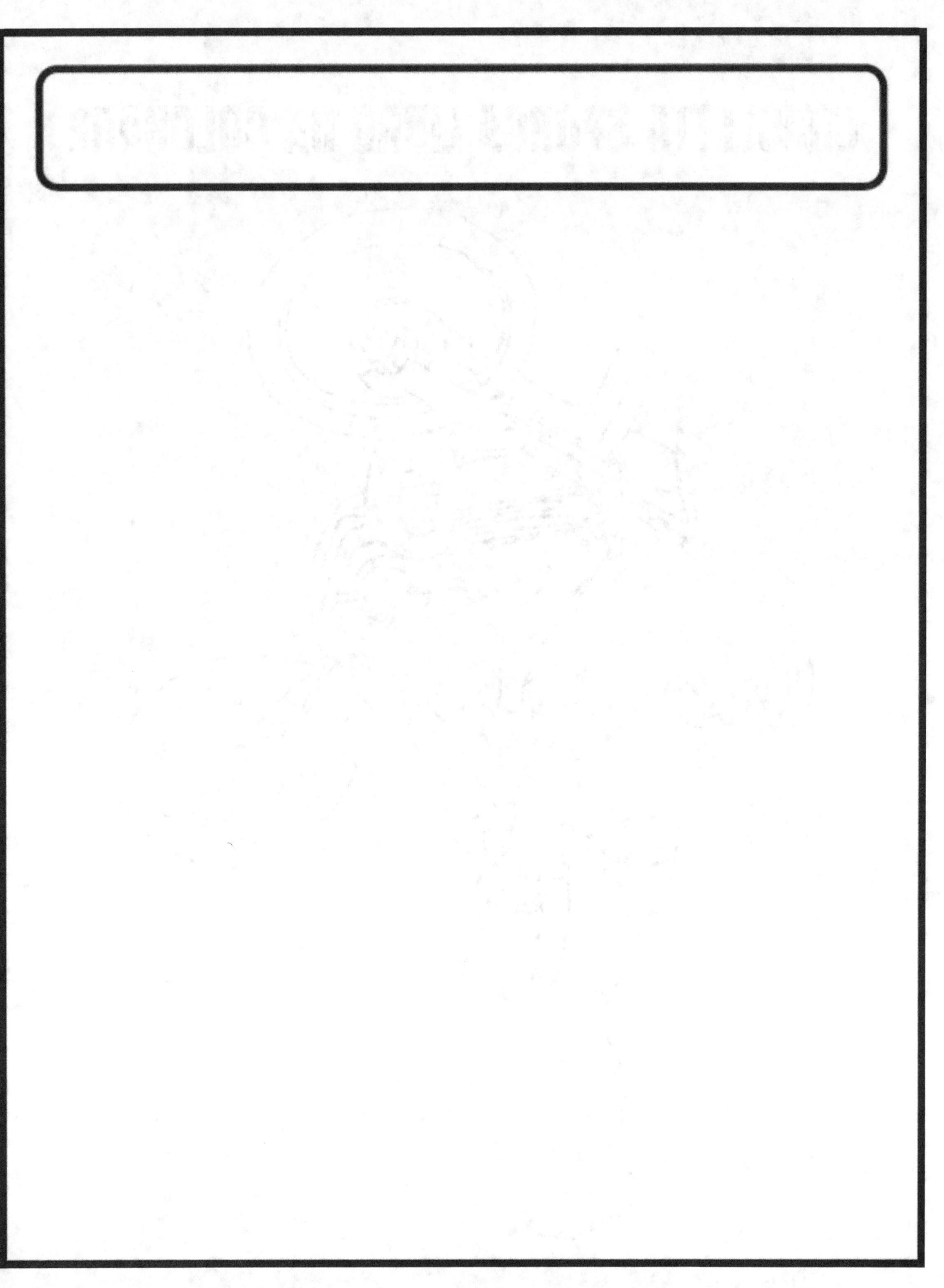

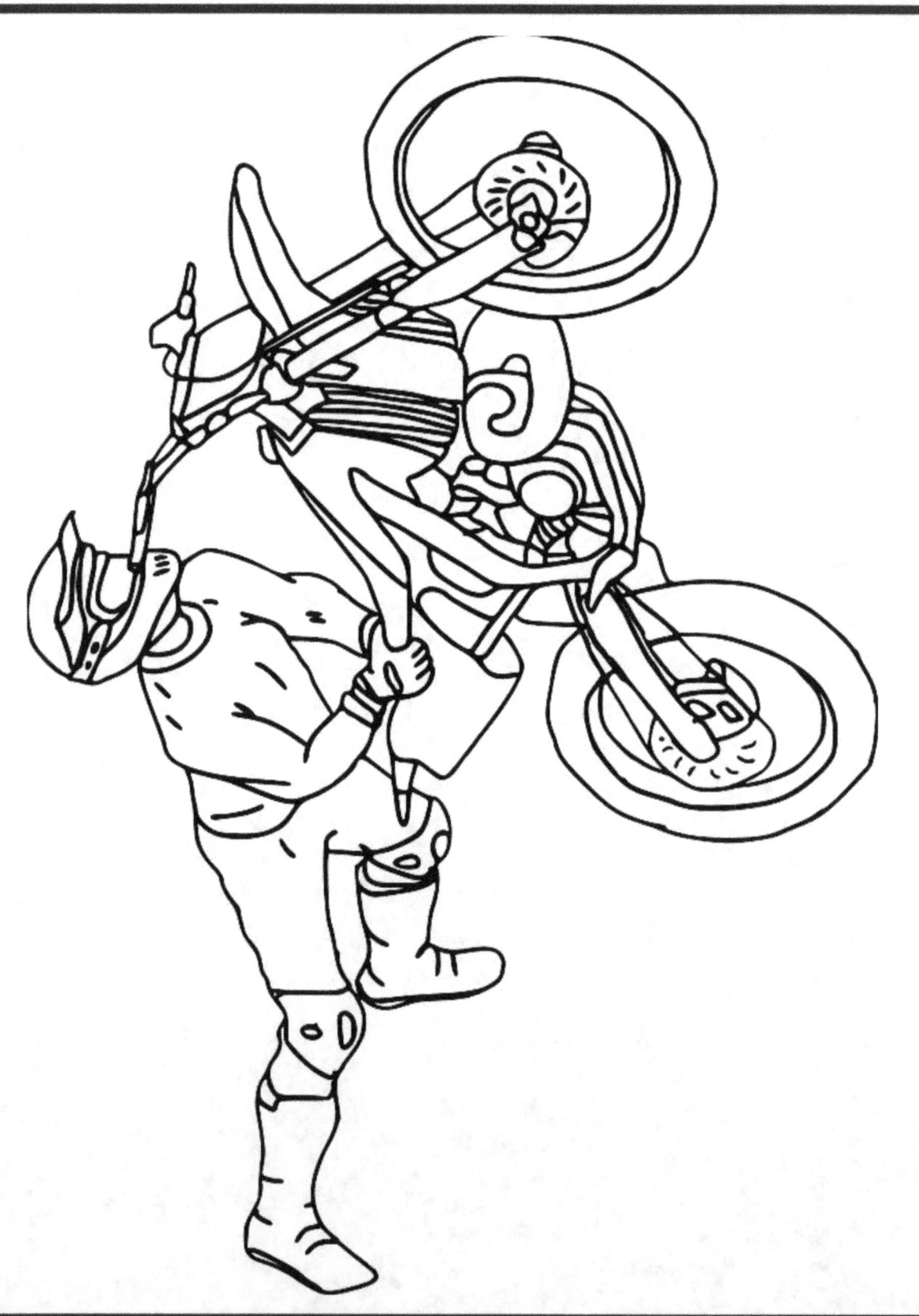

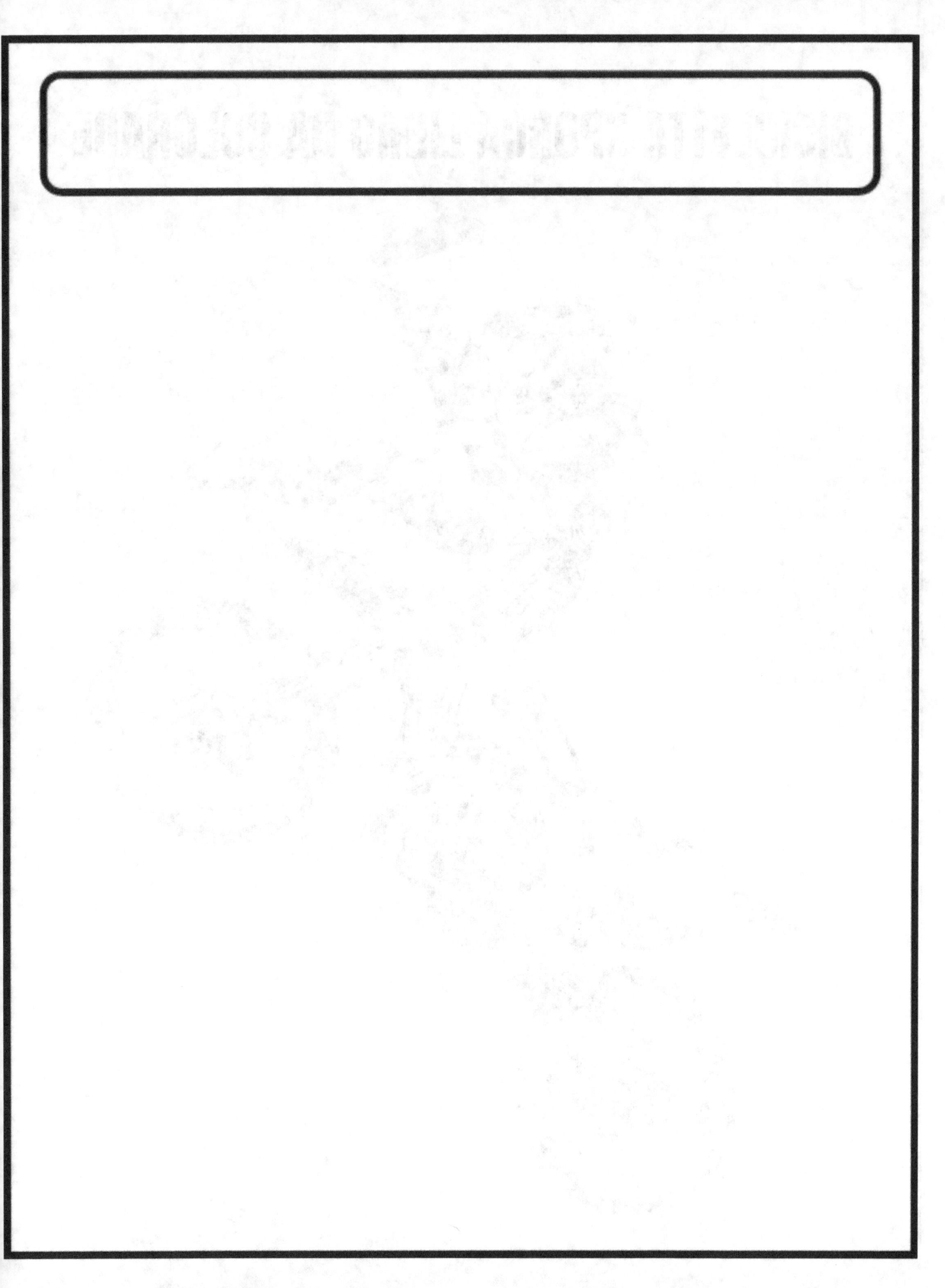

BICICLETTA SPORCA LIBRO DA COLORARE

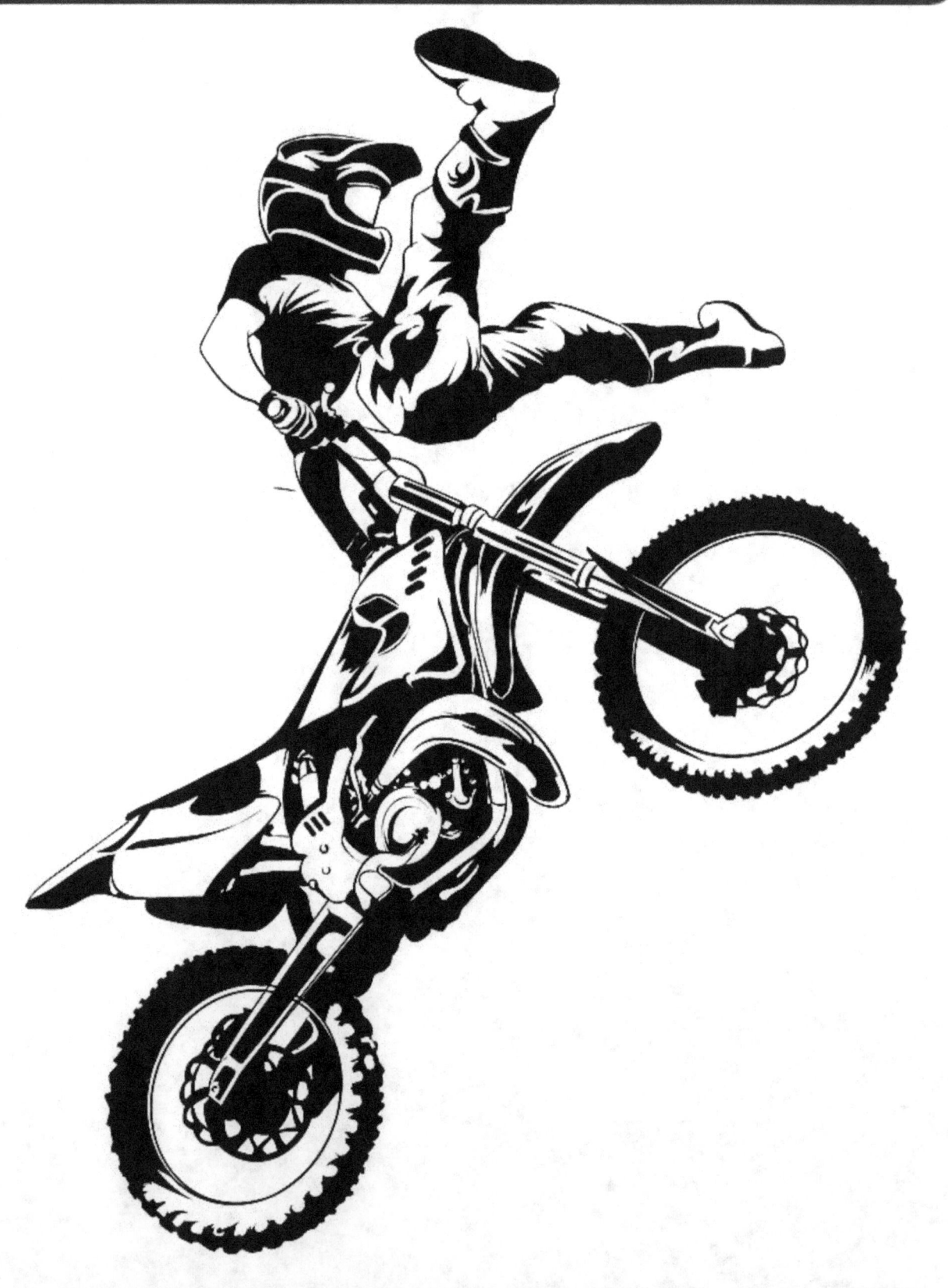

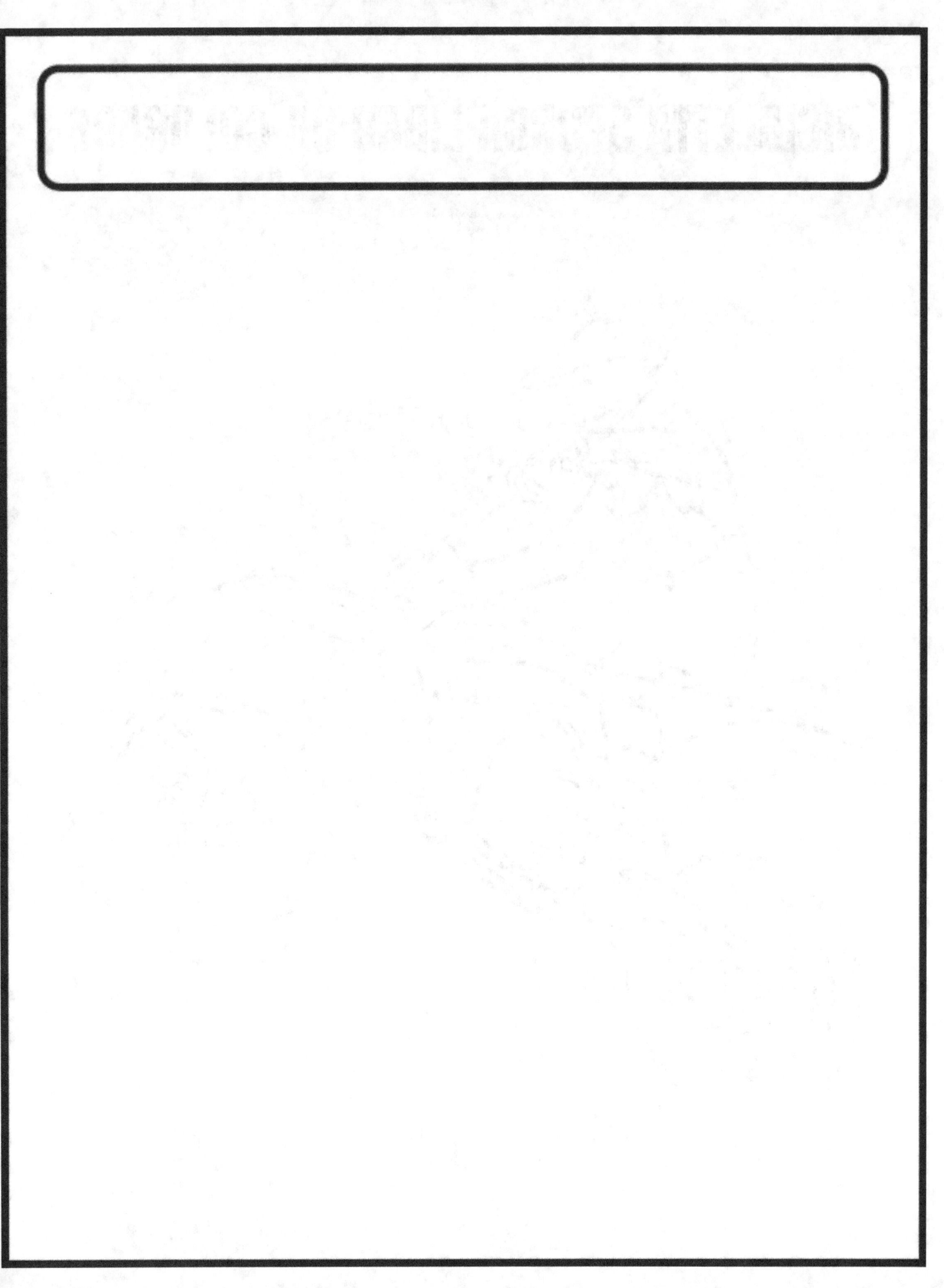

BICICLETTA SPORCA LIBRO DA COLORARE

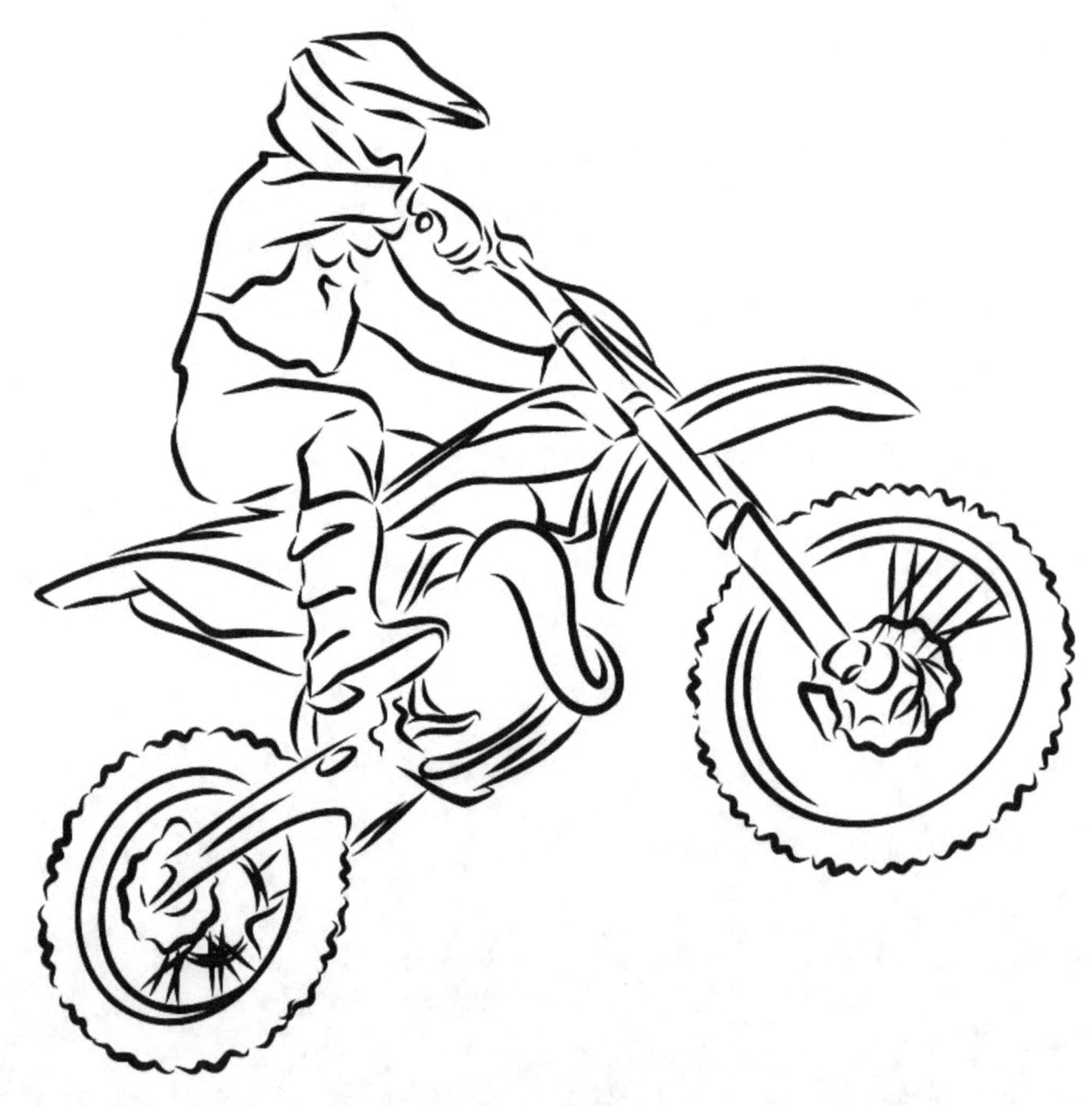

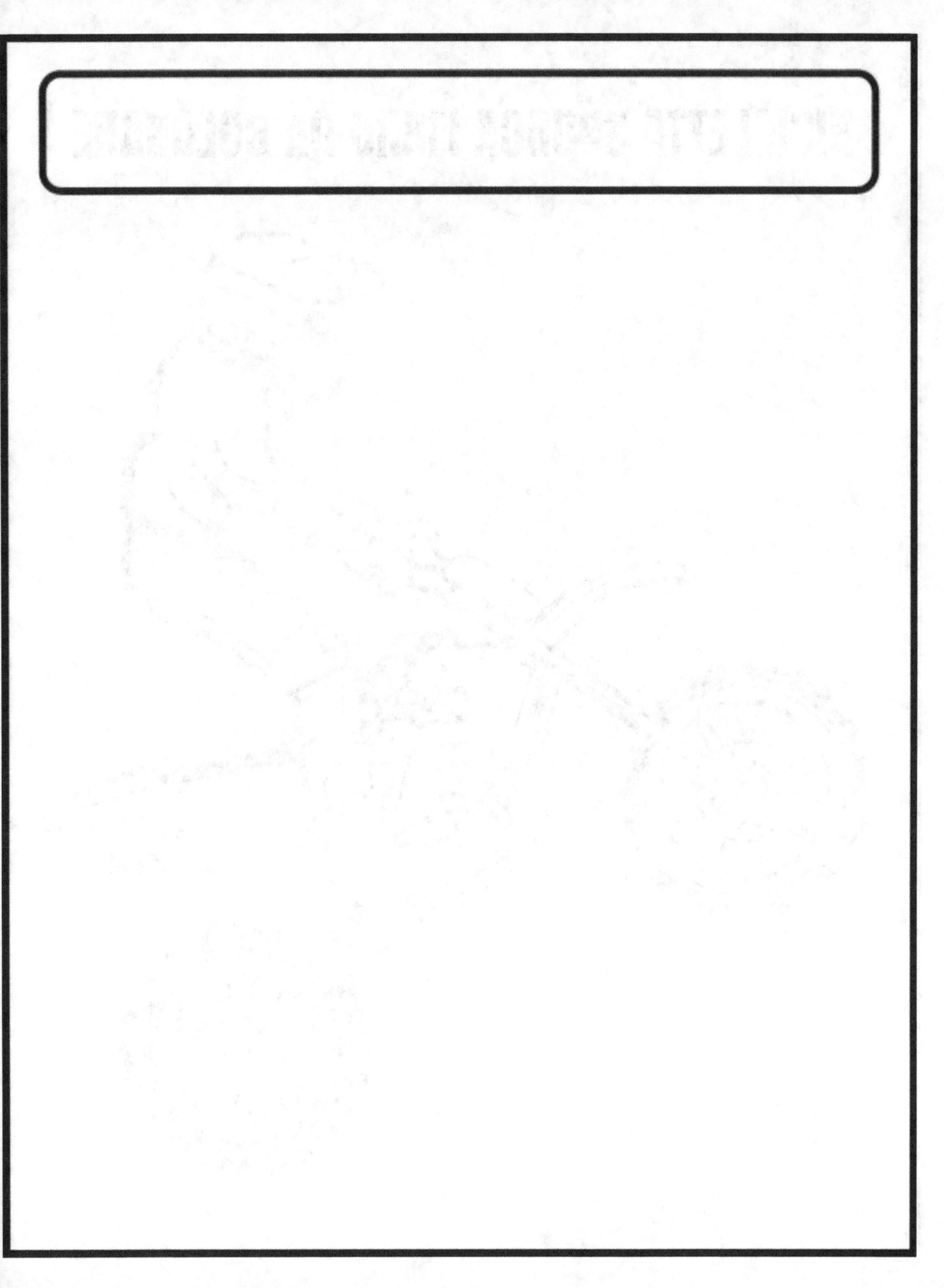

BICICLETTA SPORCA LIBRO DA COLORARE

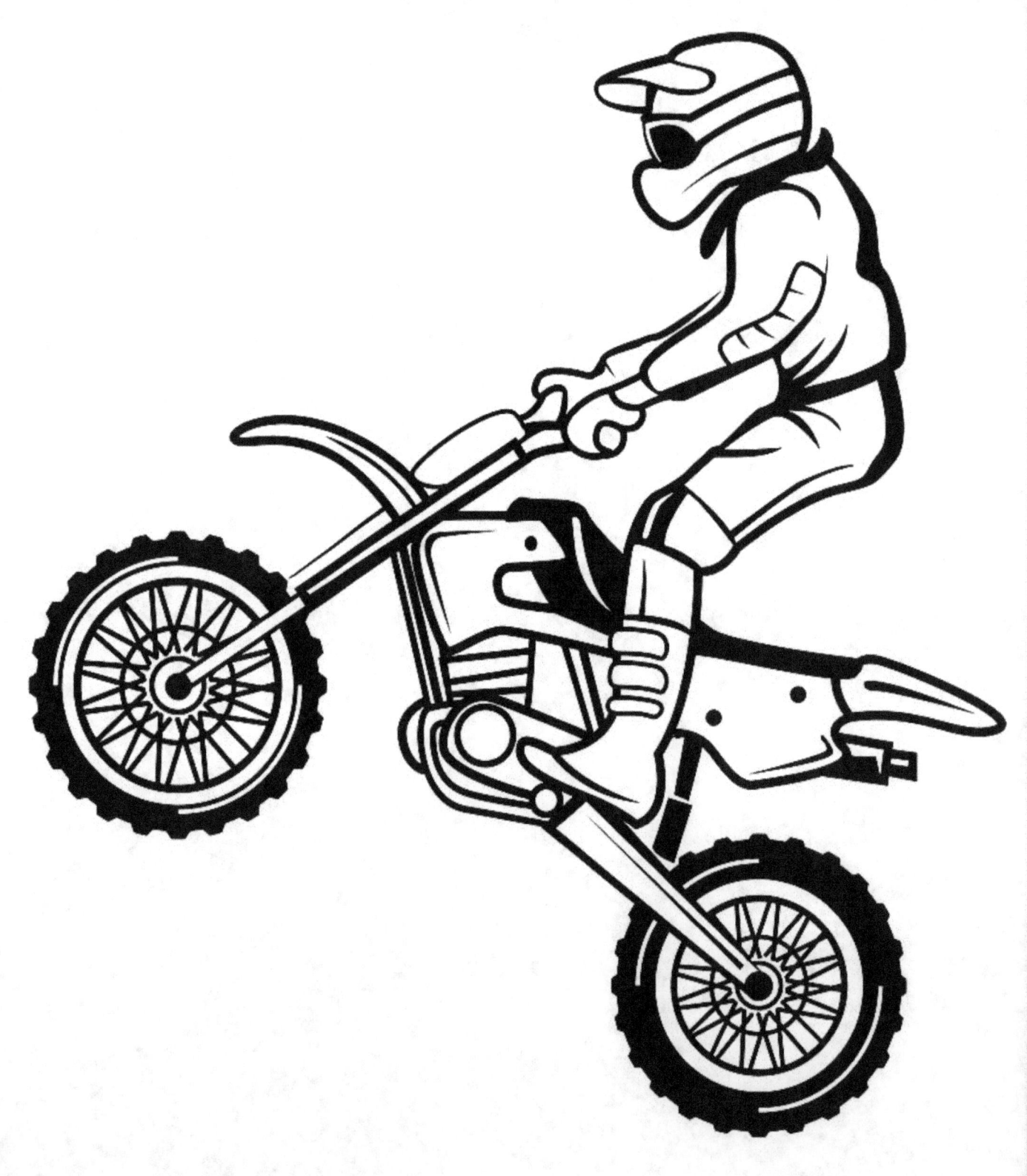

BICICLETTA SPORCA LIBRO DA COLORARE

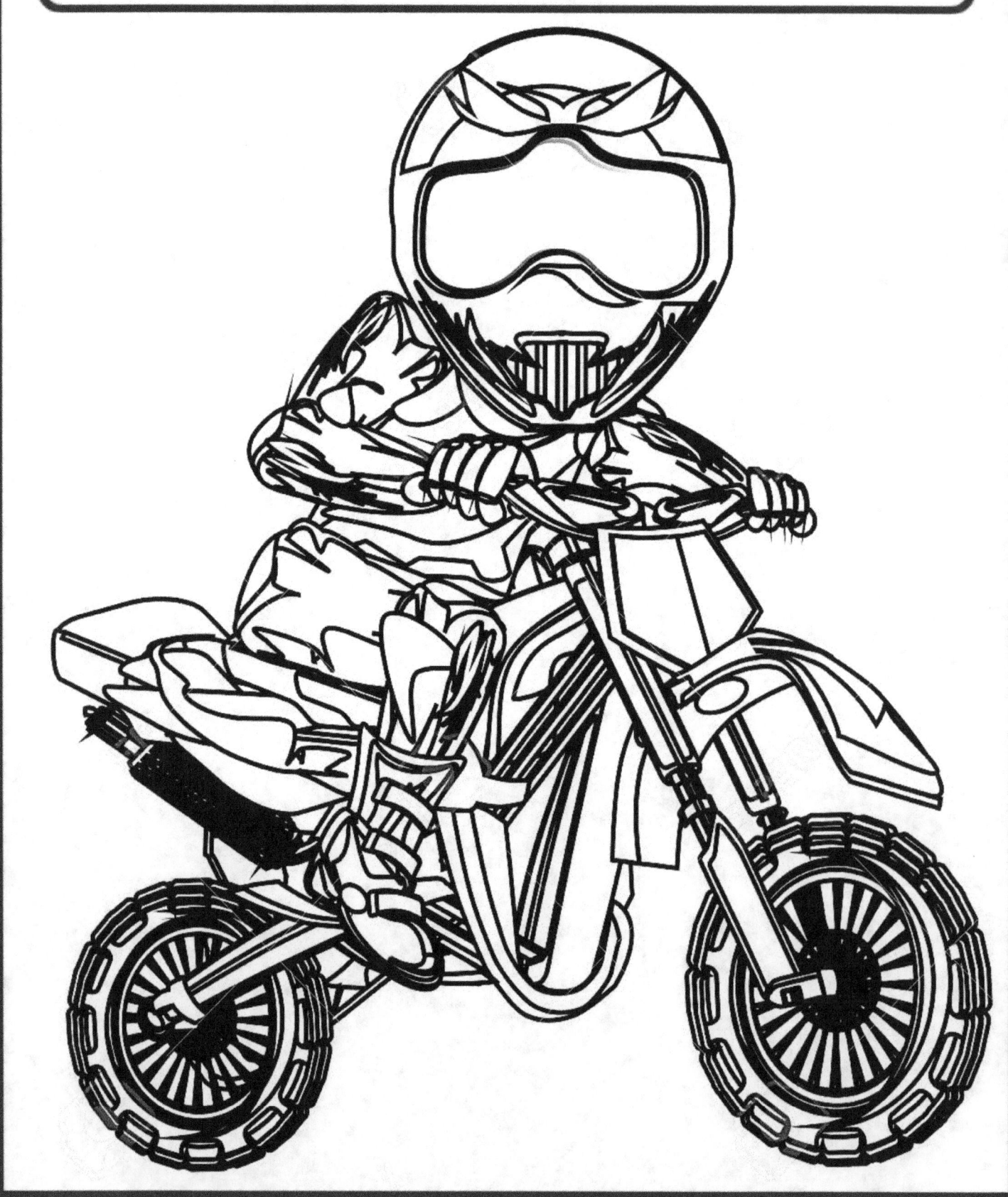

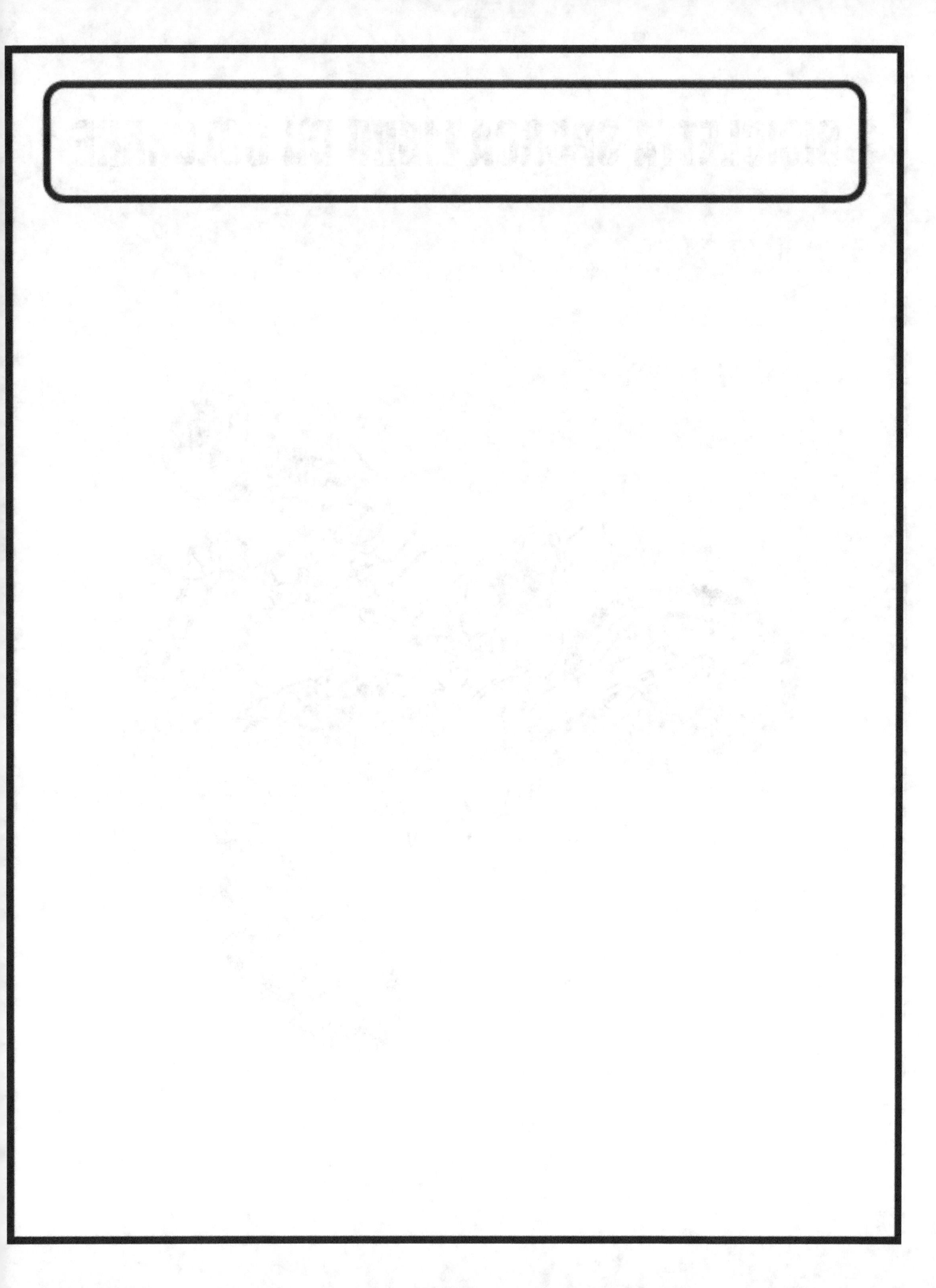

BICICLETTA SPORCA LIBRO DA COLORARE

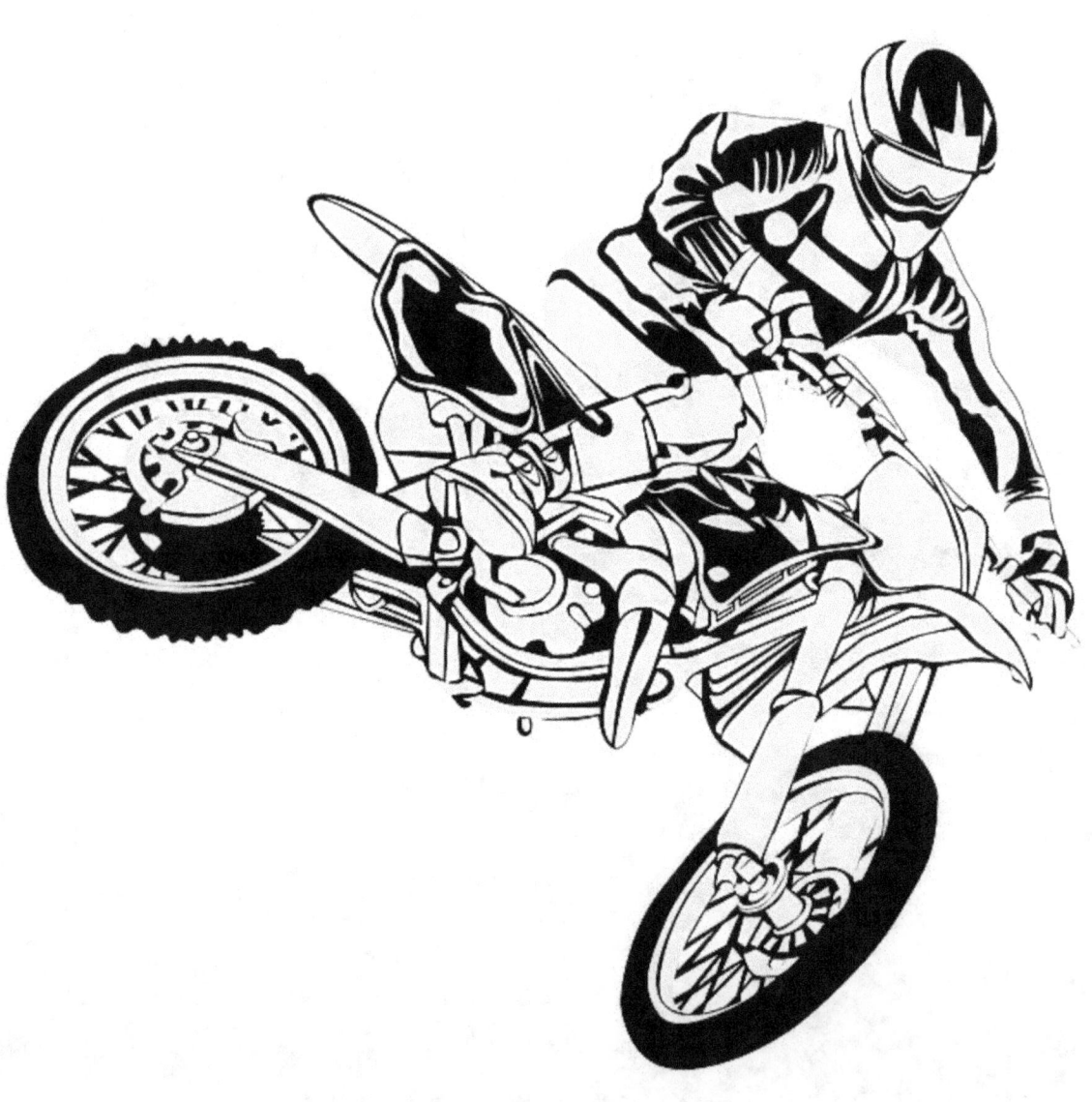

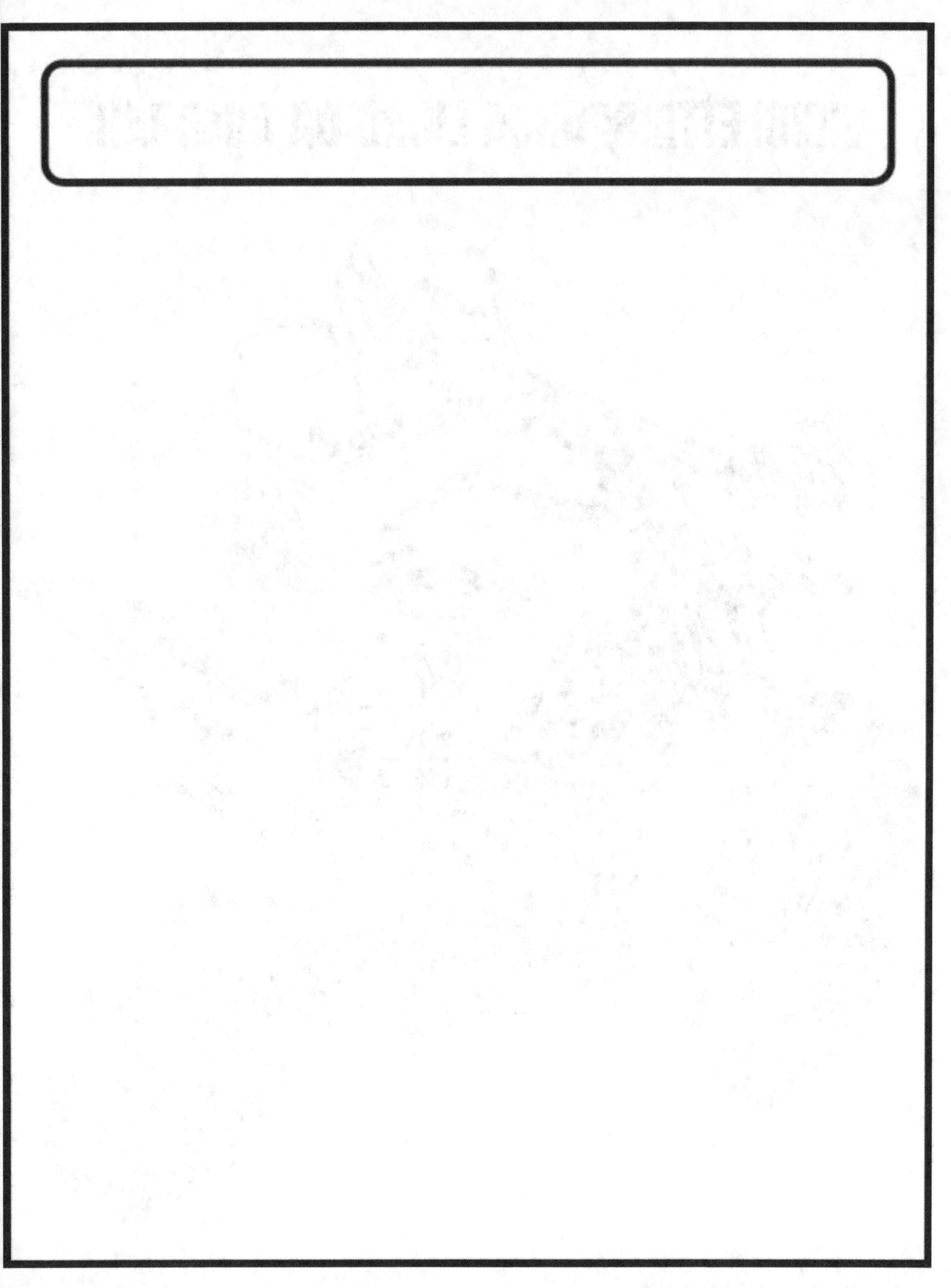

BICICLETTA SPORCA LIBRO DA COLORARE

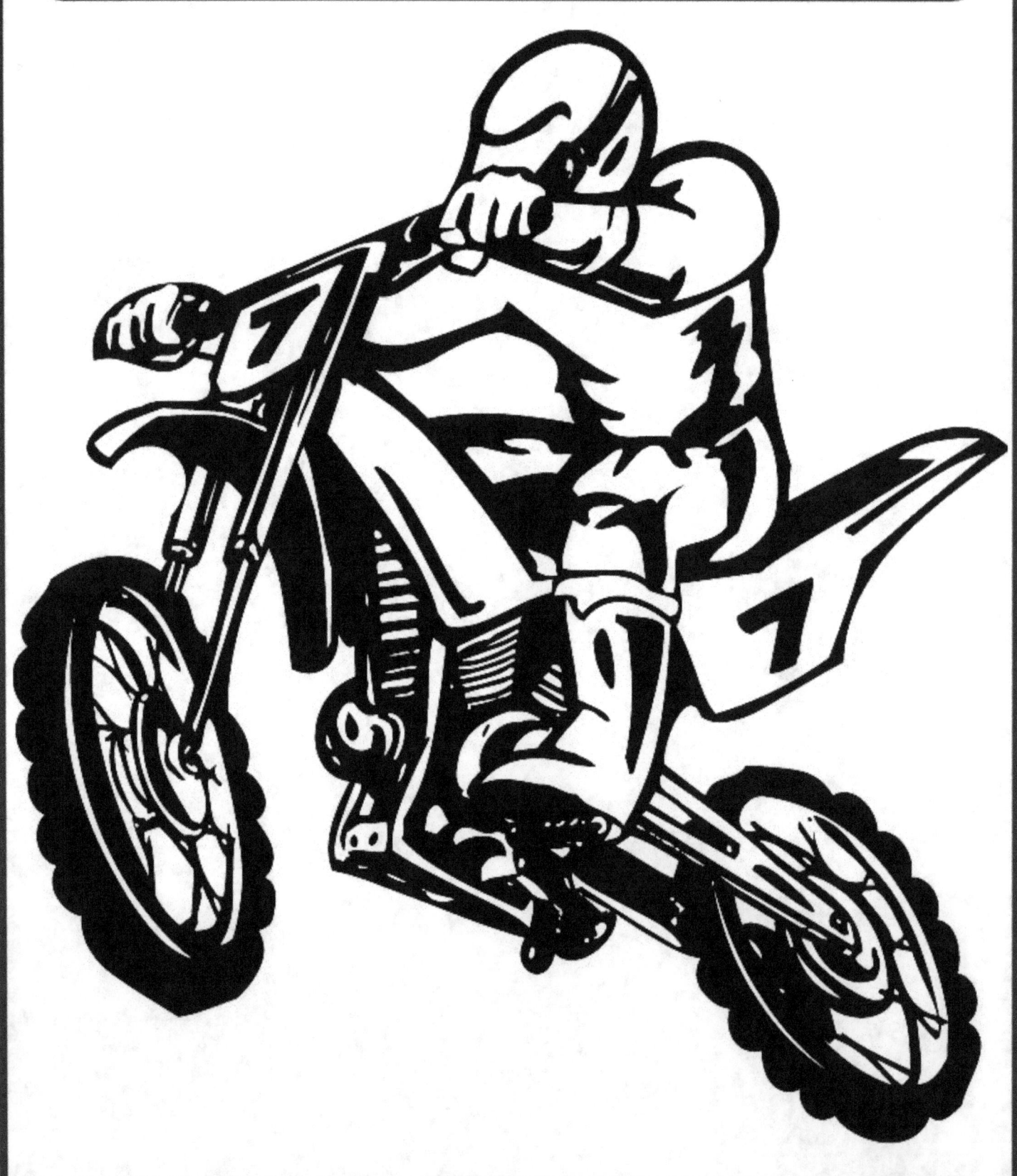

BICICLETTA SPORCA LIBRO DA COLORARE

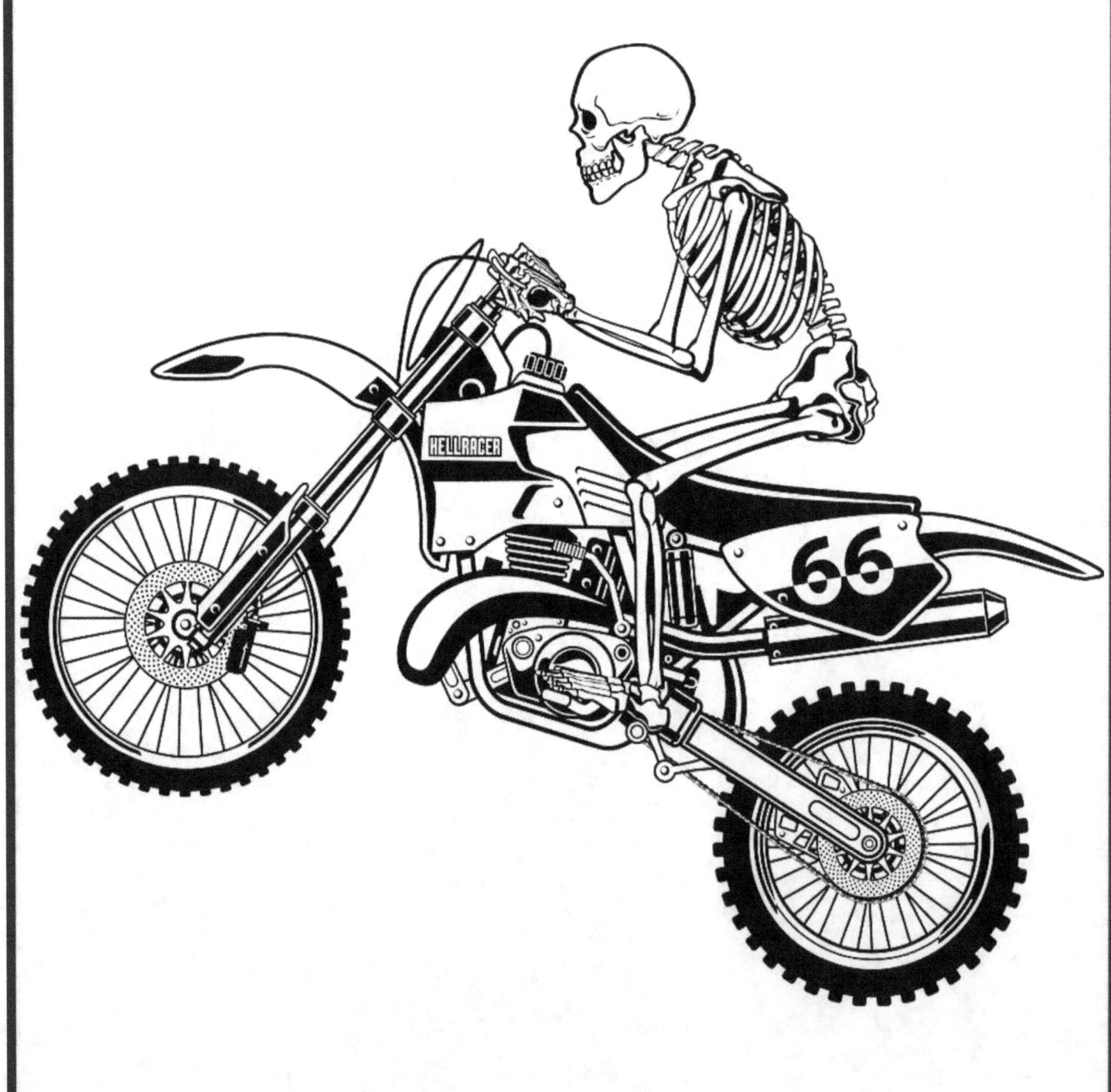

BICICLETTA SPORCA LIBRO DA COLORARE

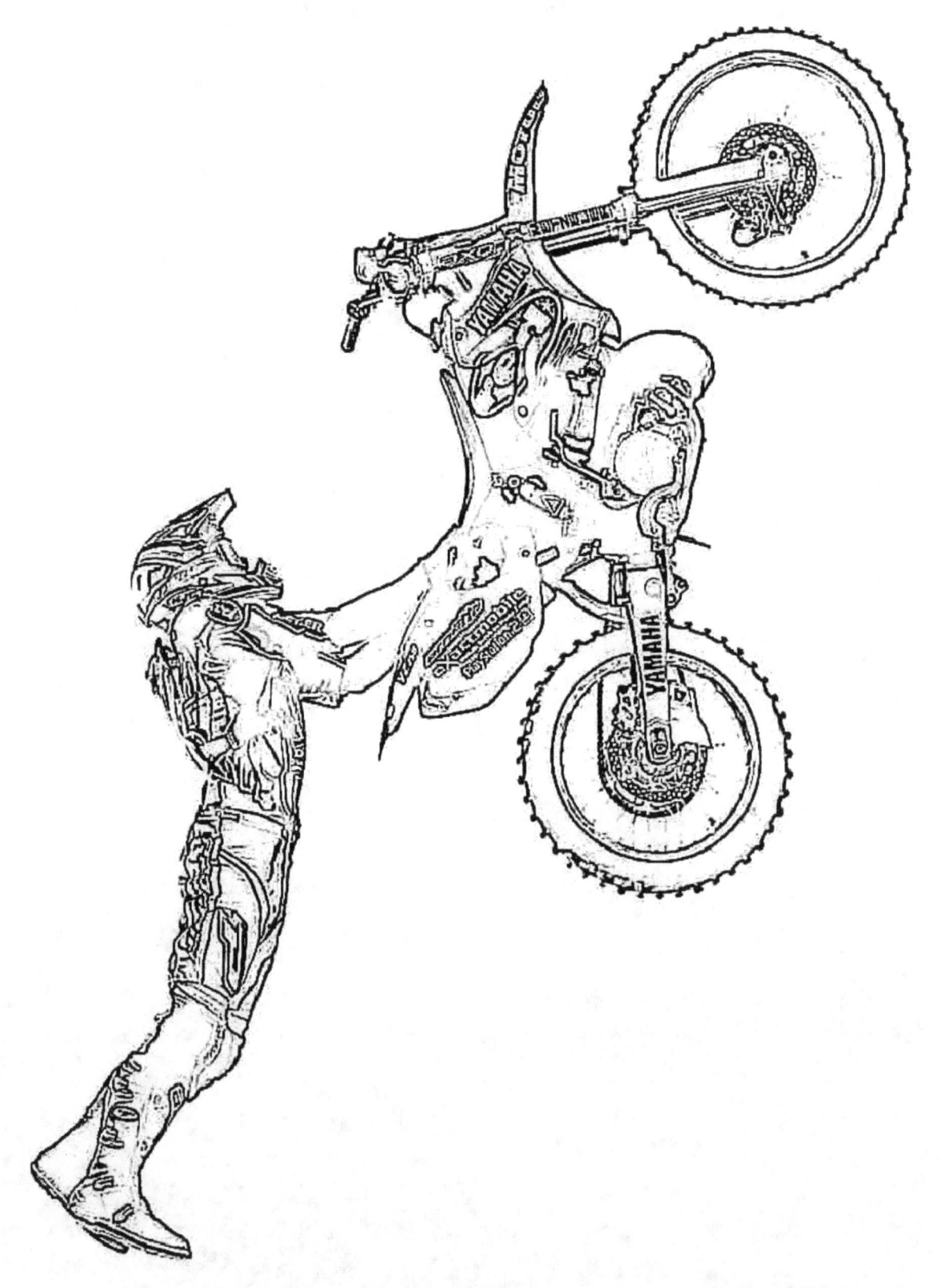

BICICLETTA SPORCA LIBRO DA COLORARE

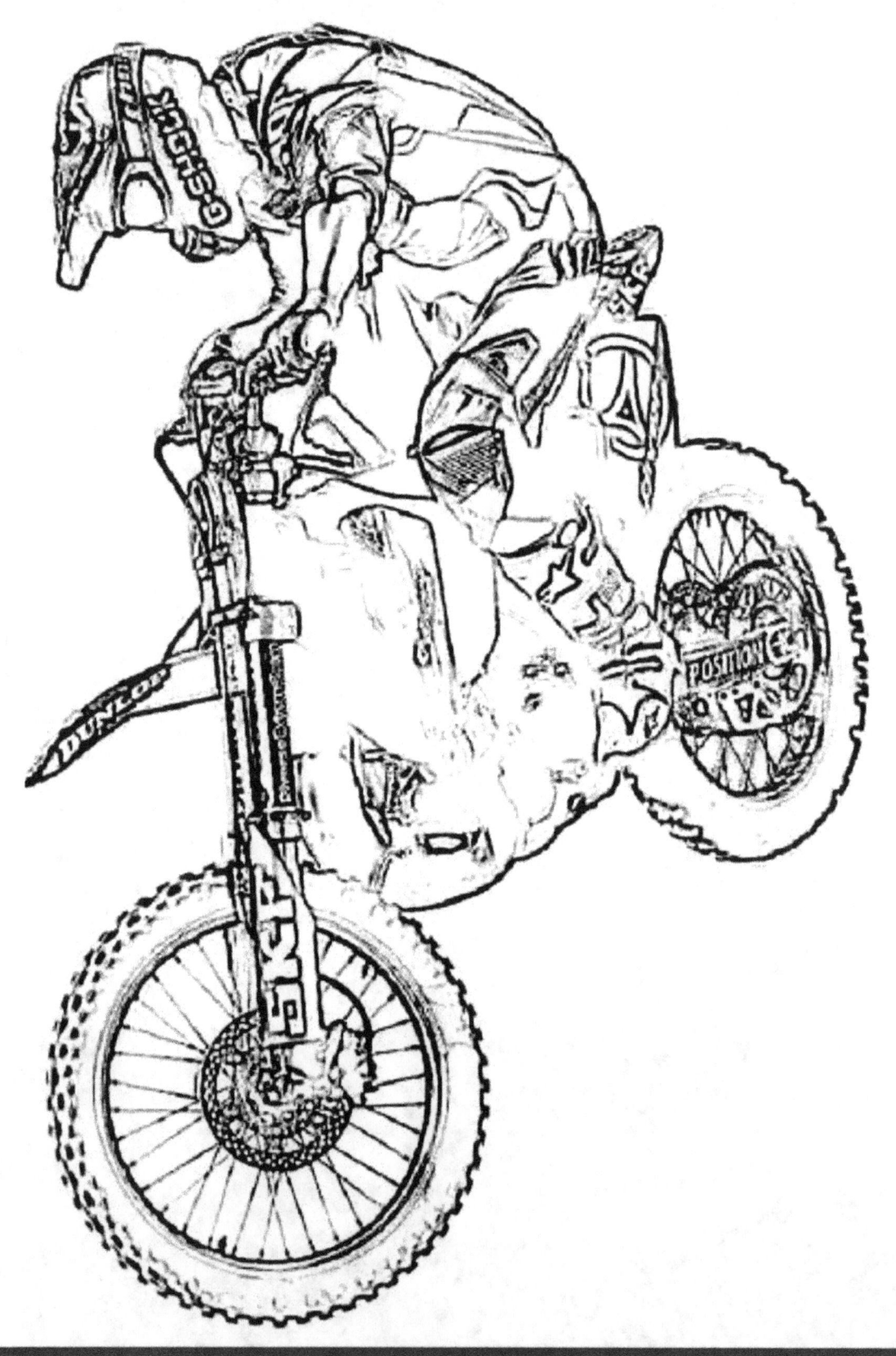

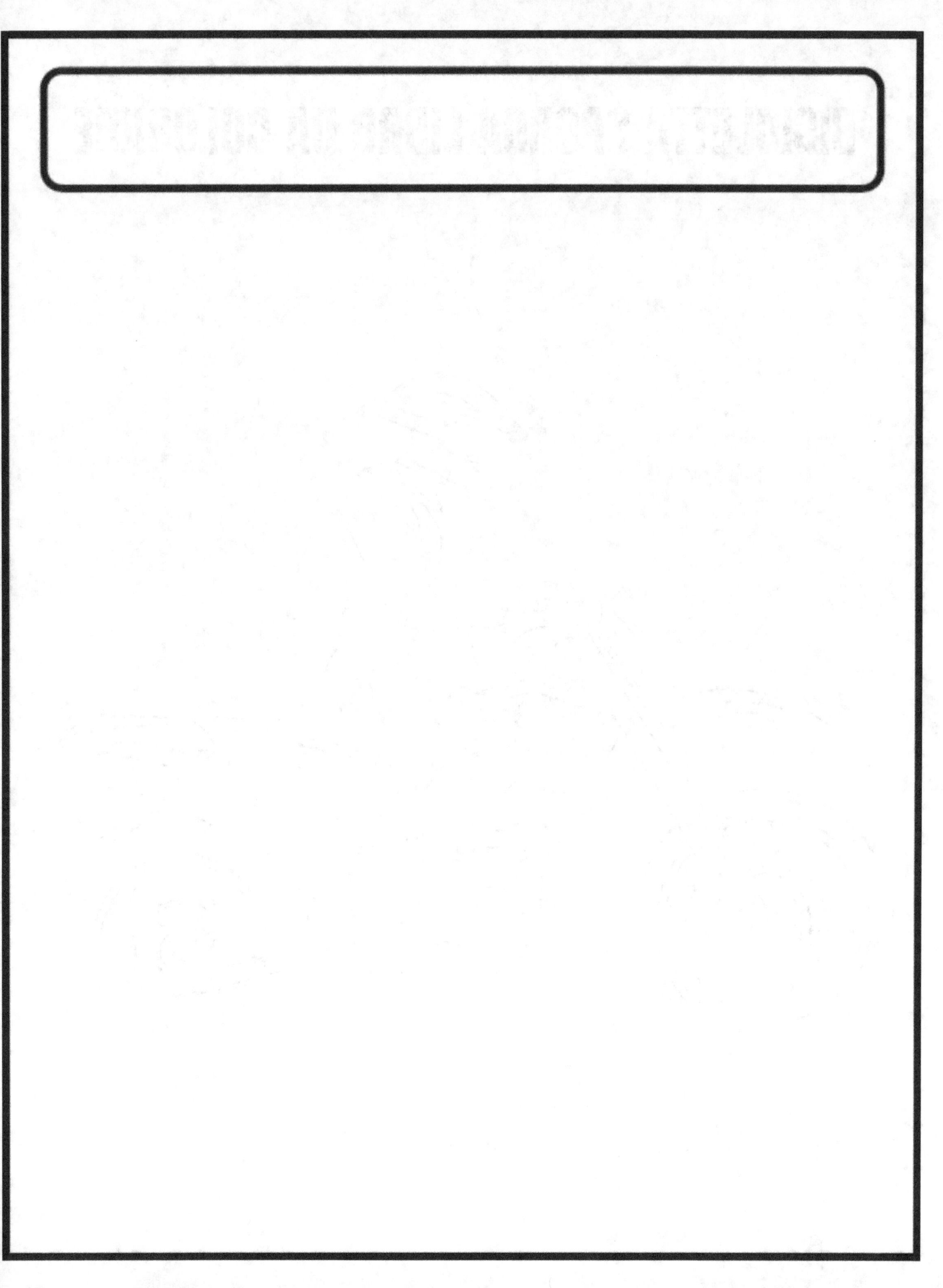

BICICLETTA SPORCA LIBRO DA COLORARE

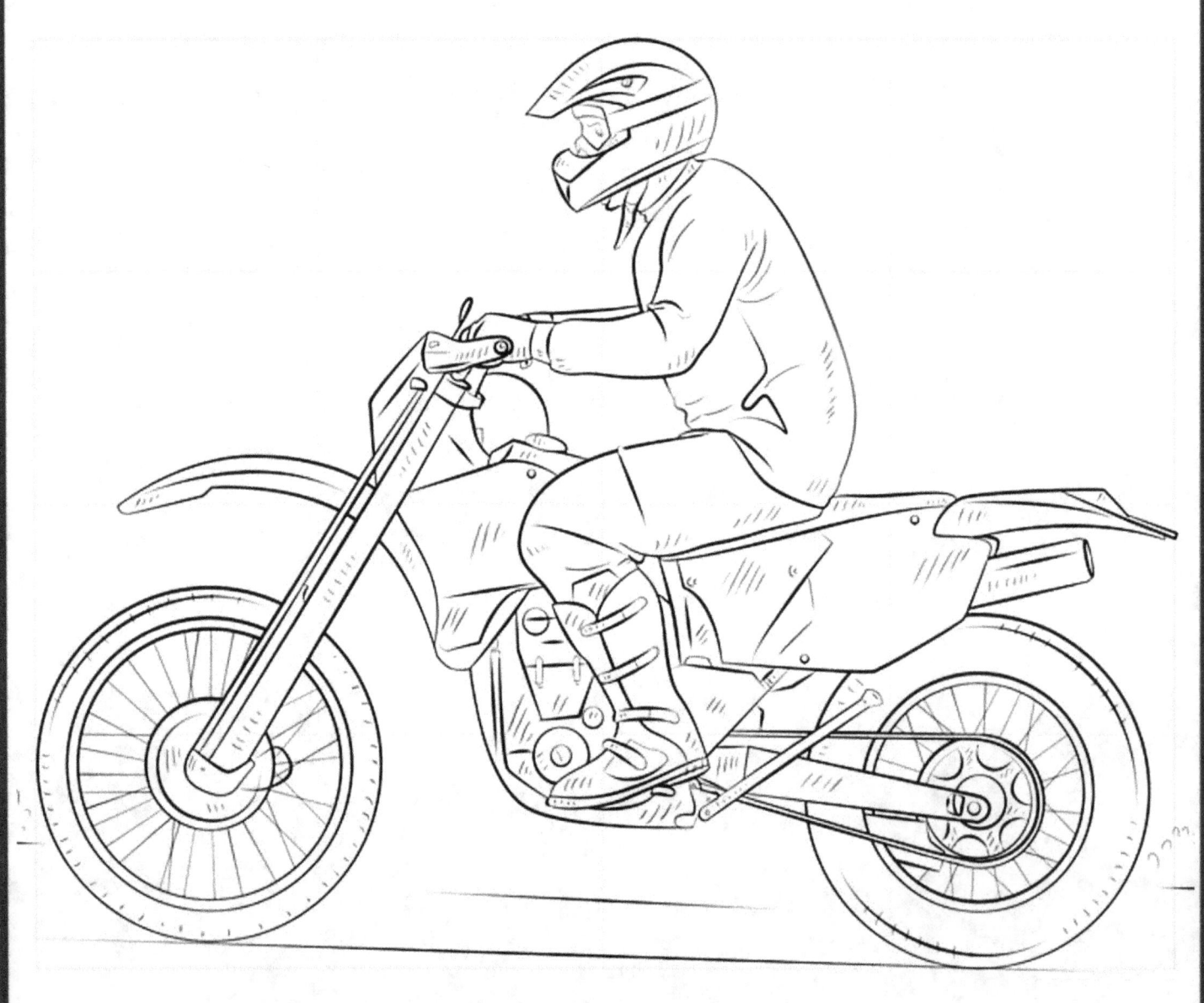

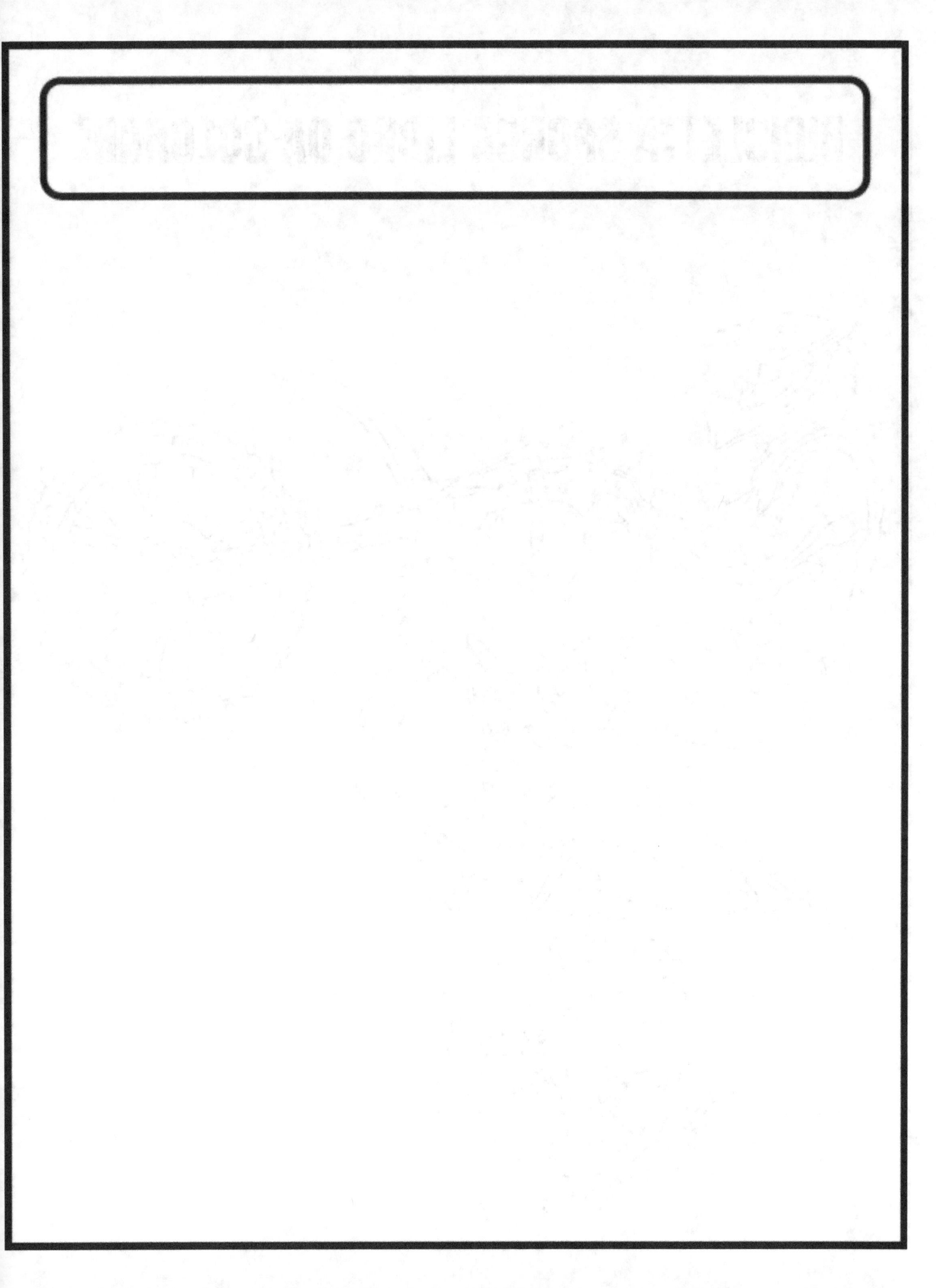

BICICLETTA SPORCA LIBRO DA COLORARE

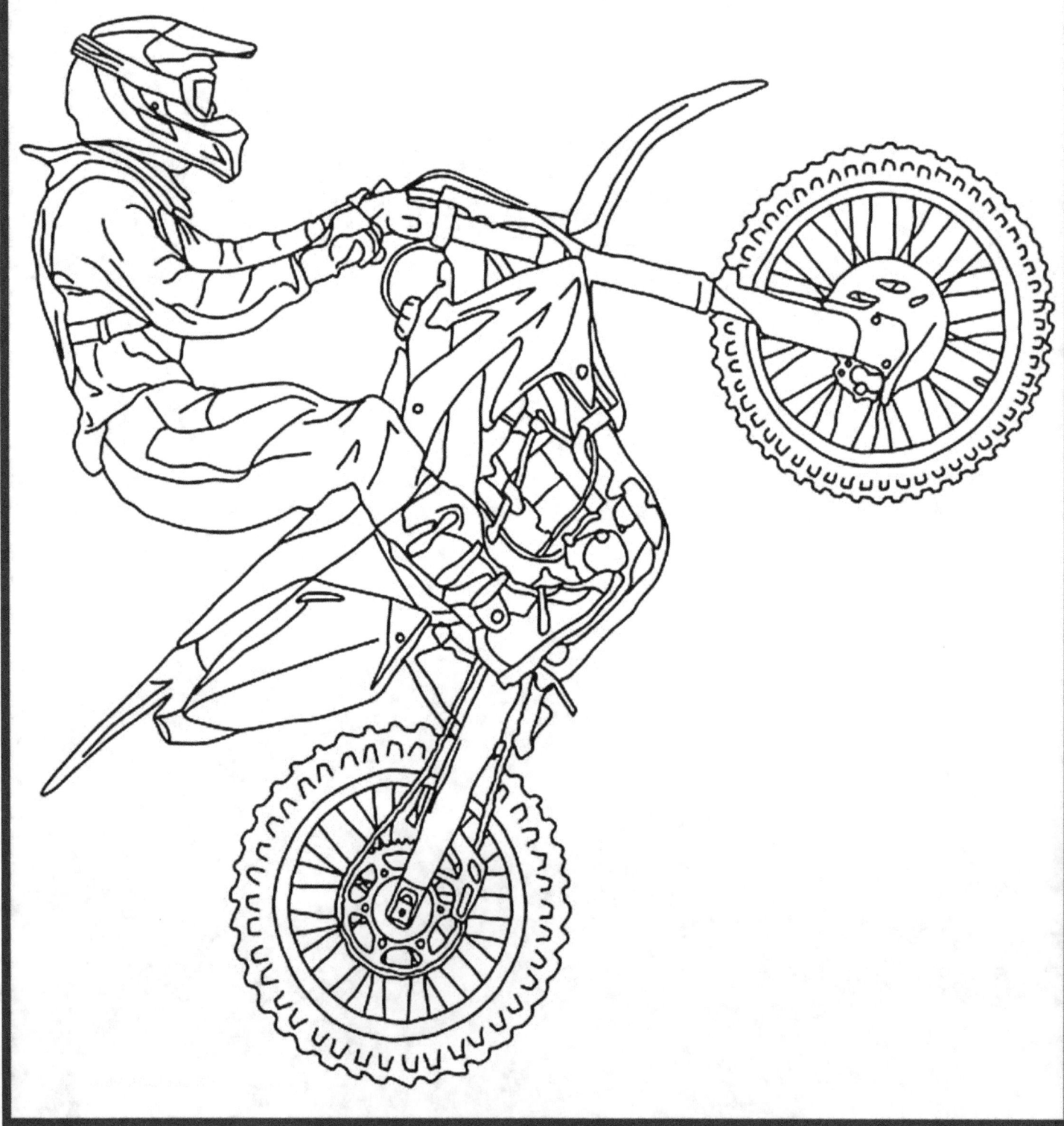

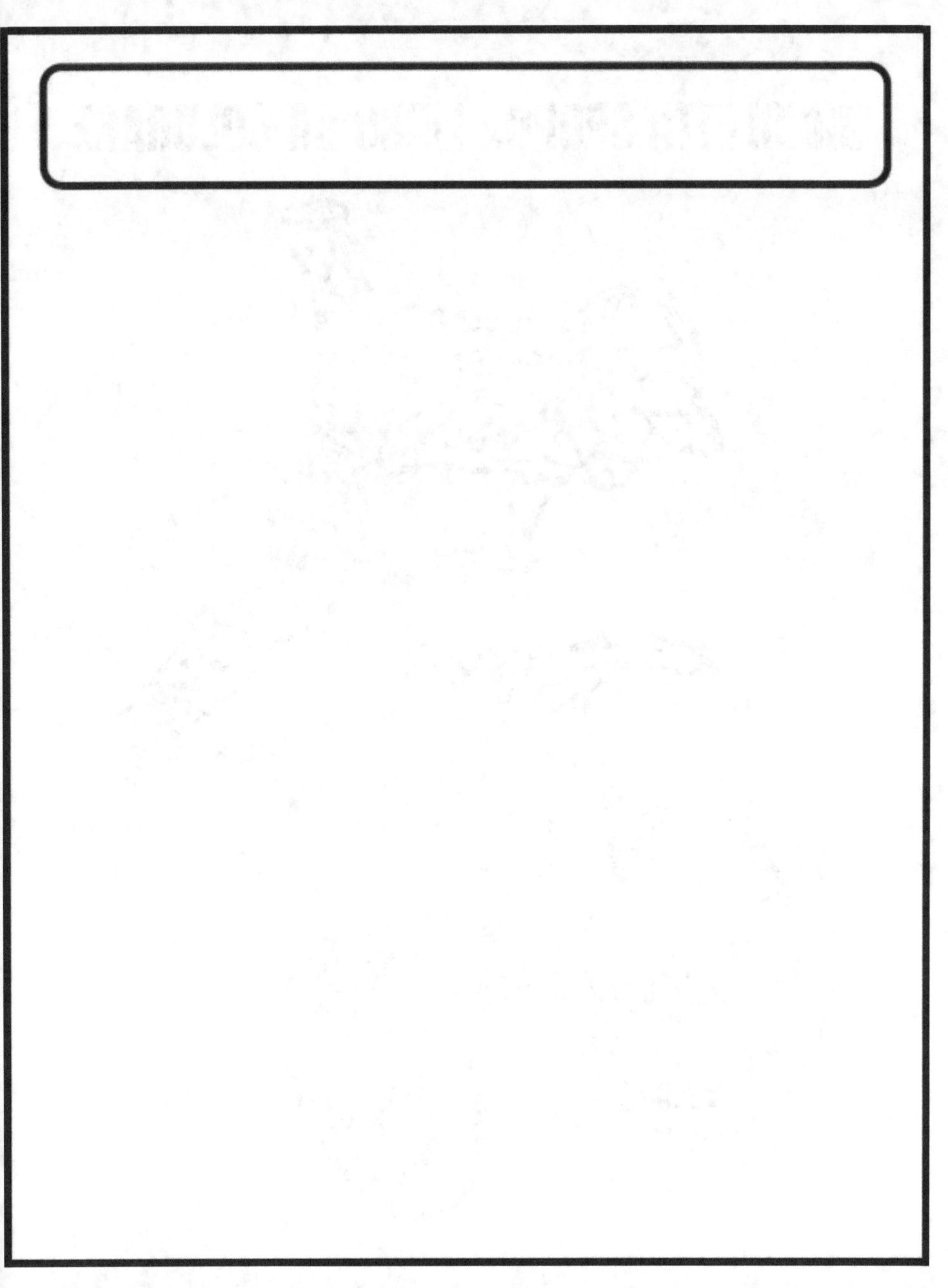

BICICLETTA SPORCA LIBRO DA COLORARE

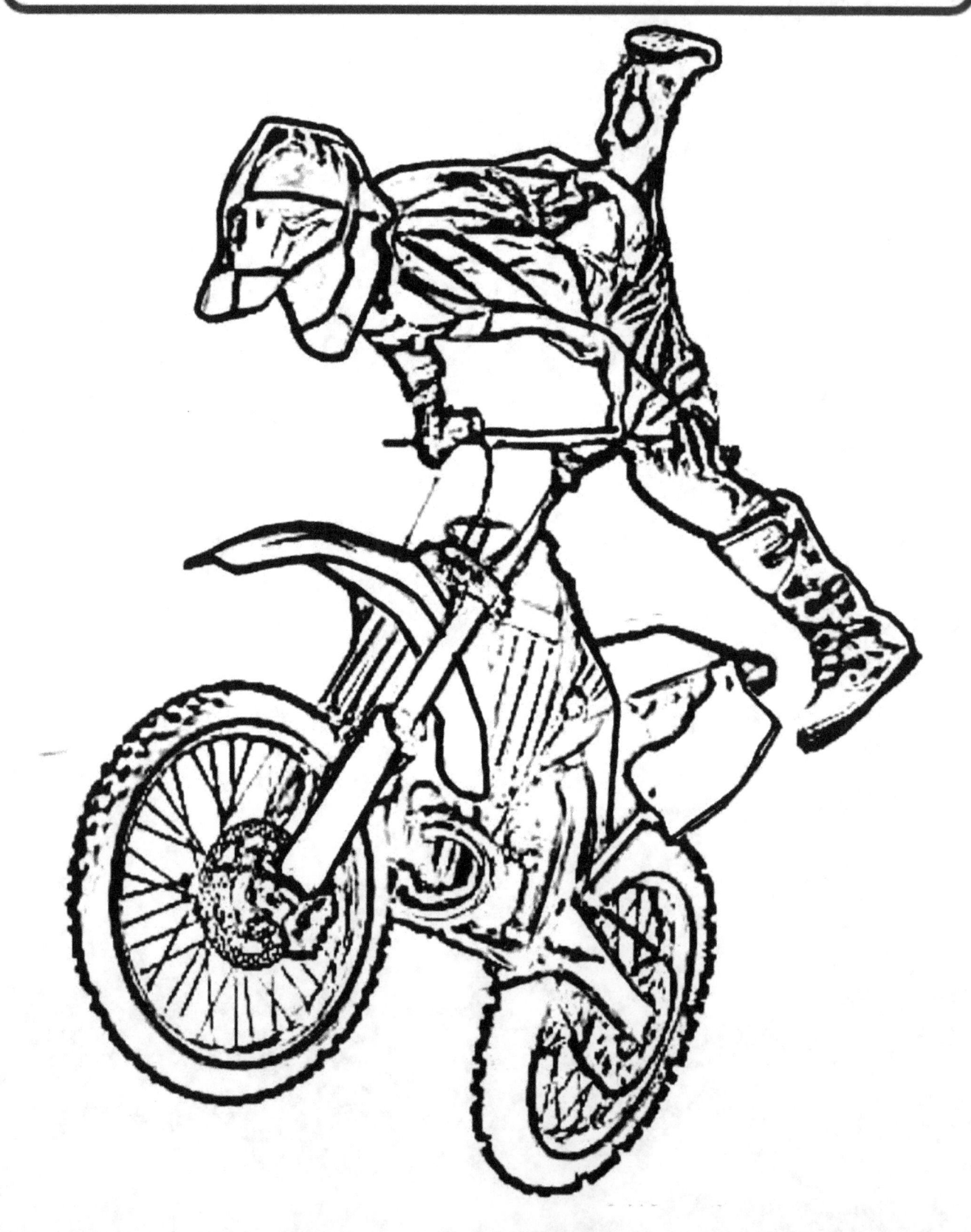

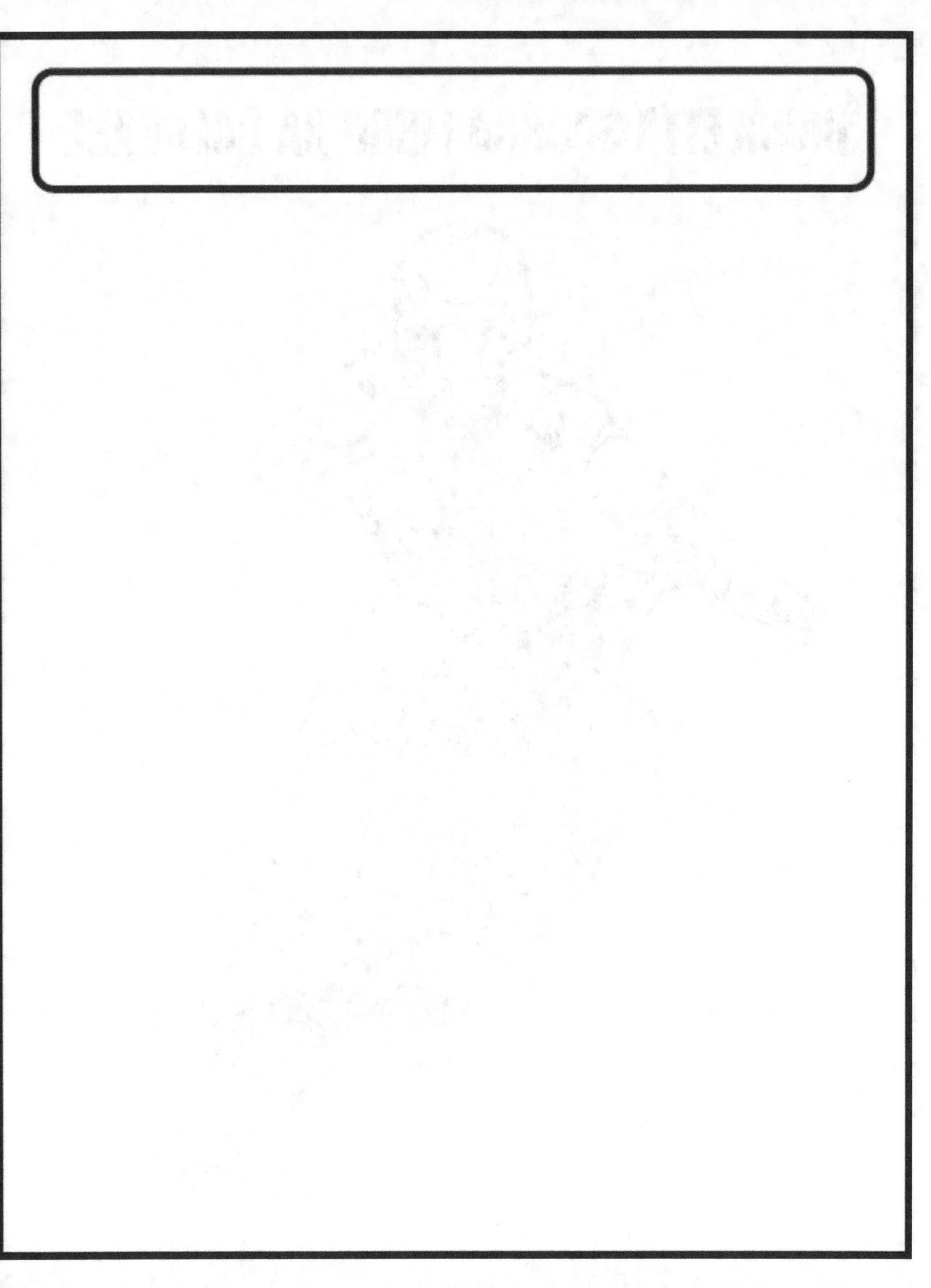

BICICLETTA SPORCA LIBRO DA COLORARE

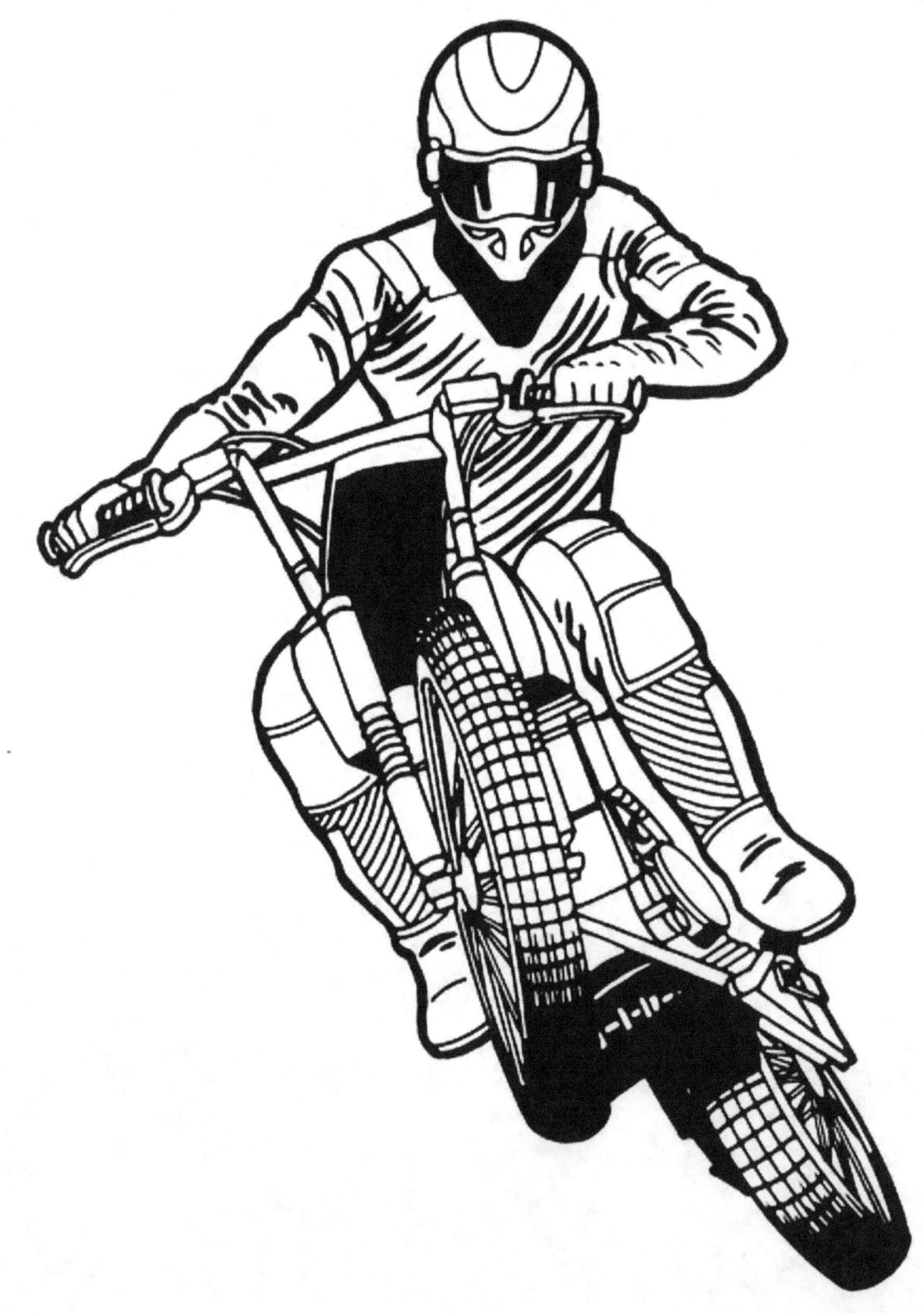

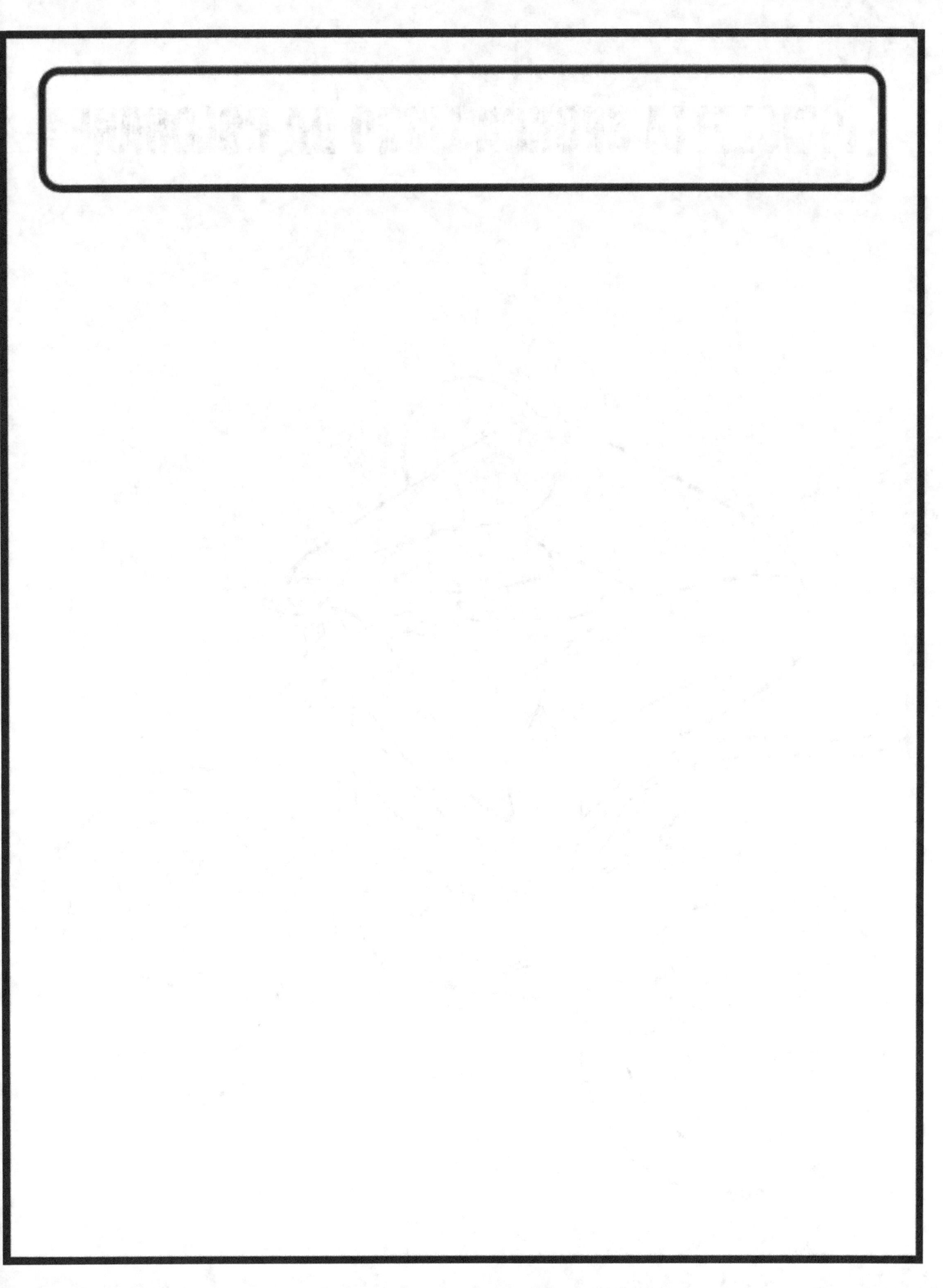

BICICLETTA SPORCA LIBRO DA COLORARE

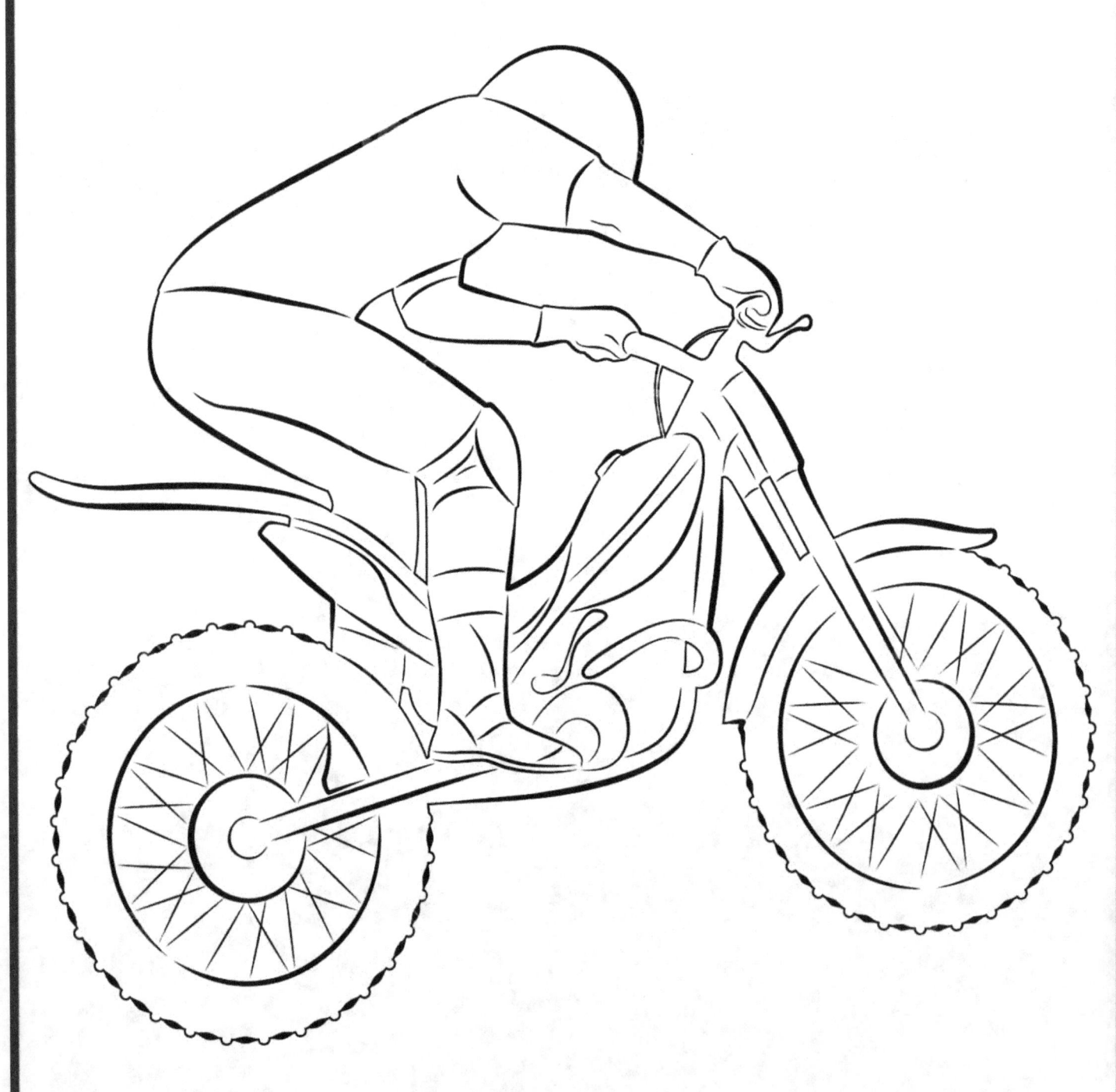

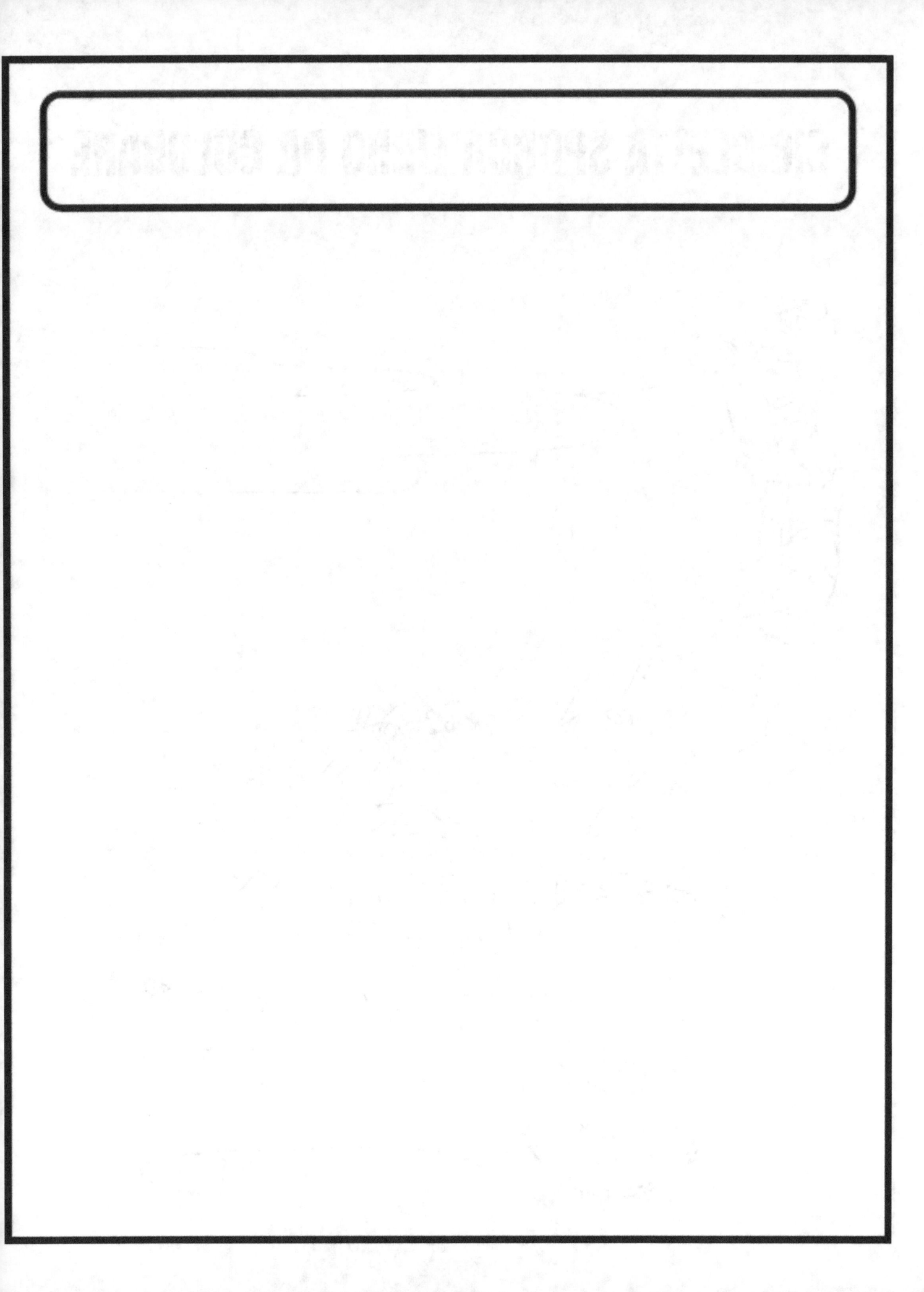

BICICLETTA SPORCA LIBRO DA COLORARE

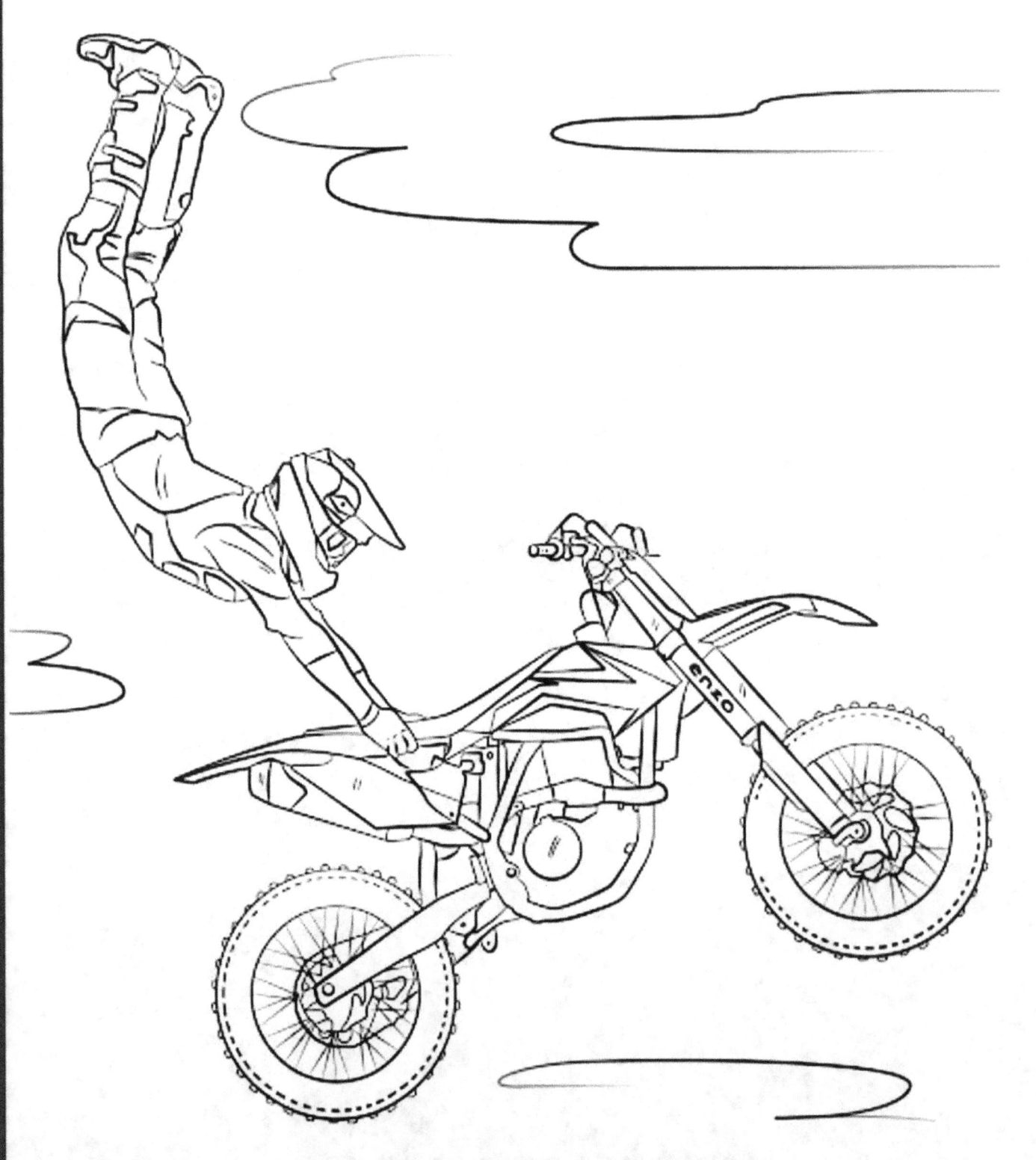

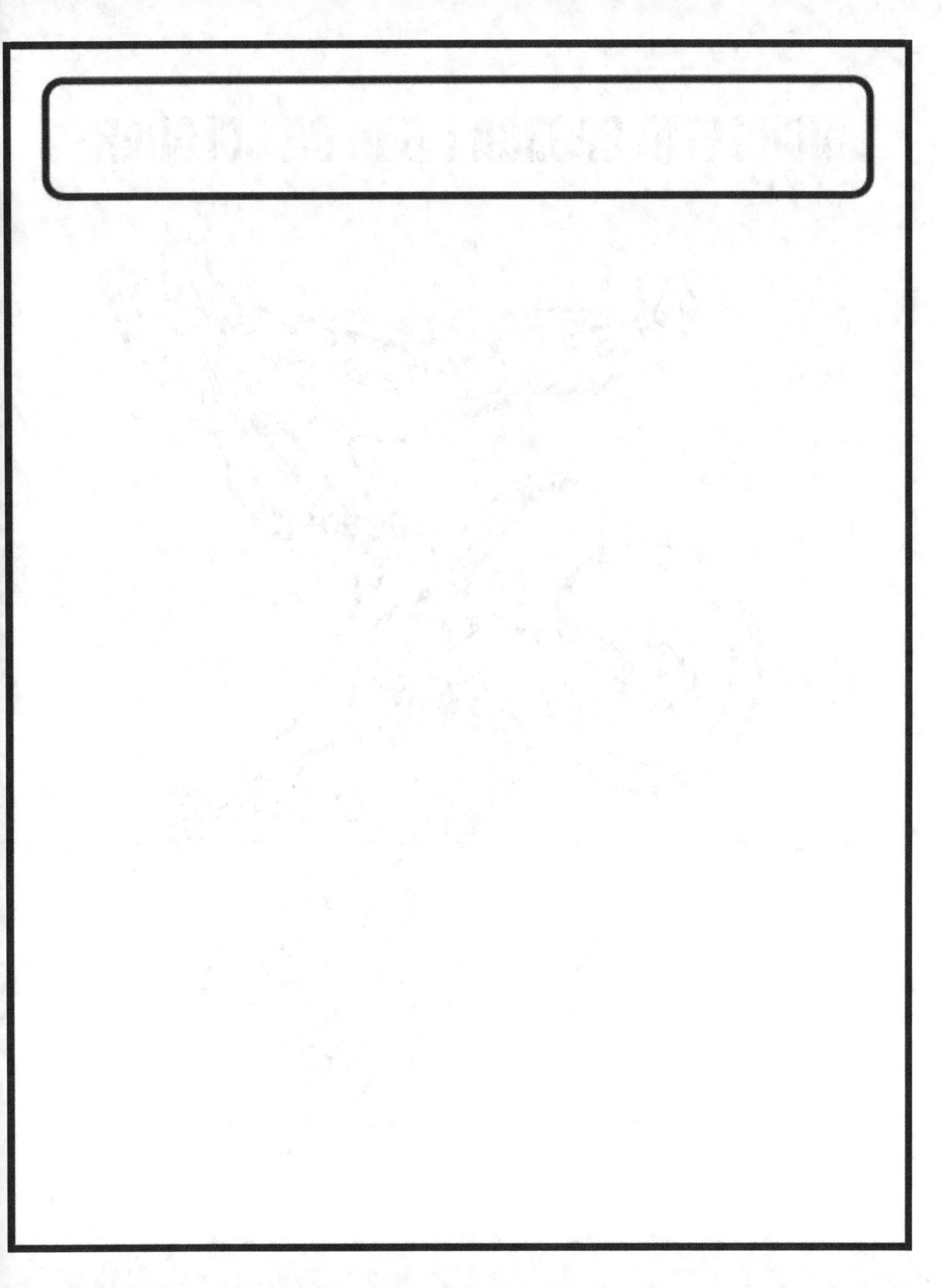

BICICLETTA SPORCA LIBRO DA COLORARE

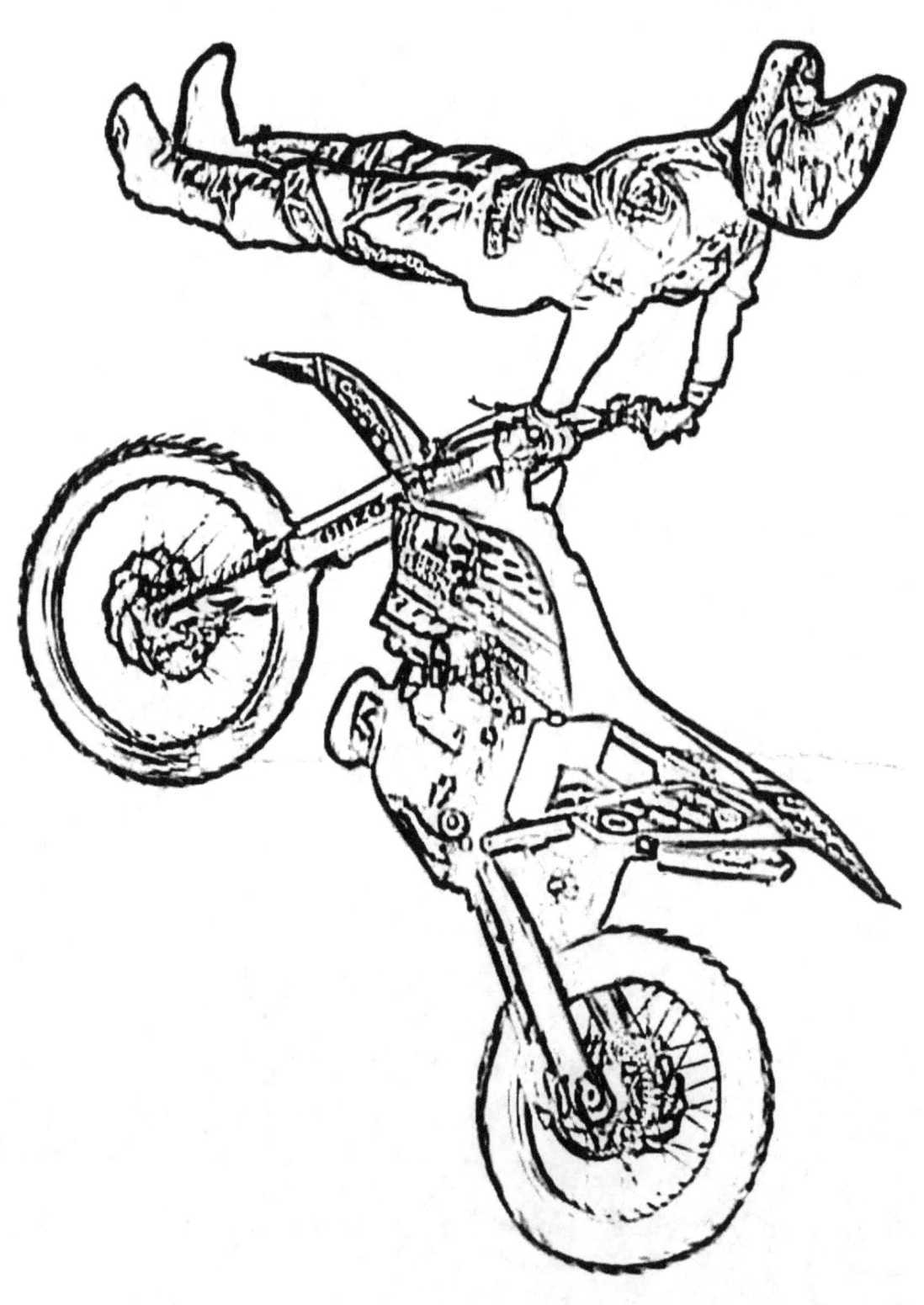

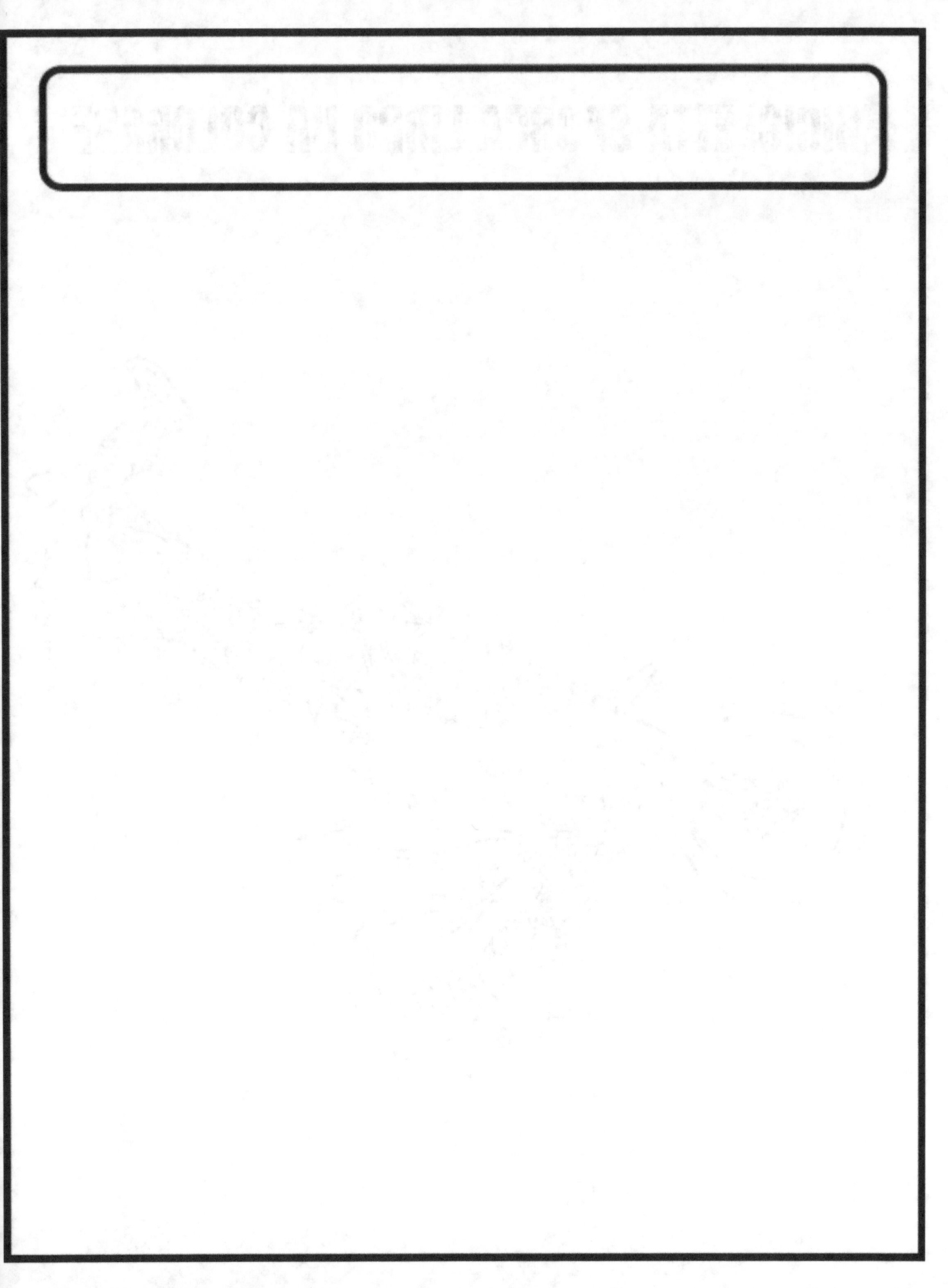

BICICLETTA SPORCA LIBRO DA COLORARE

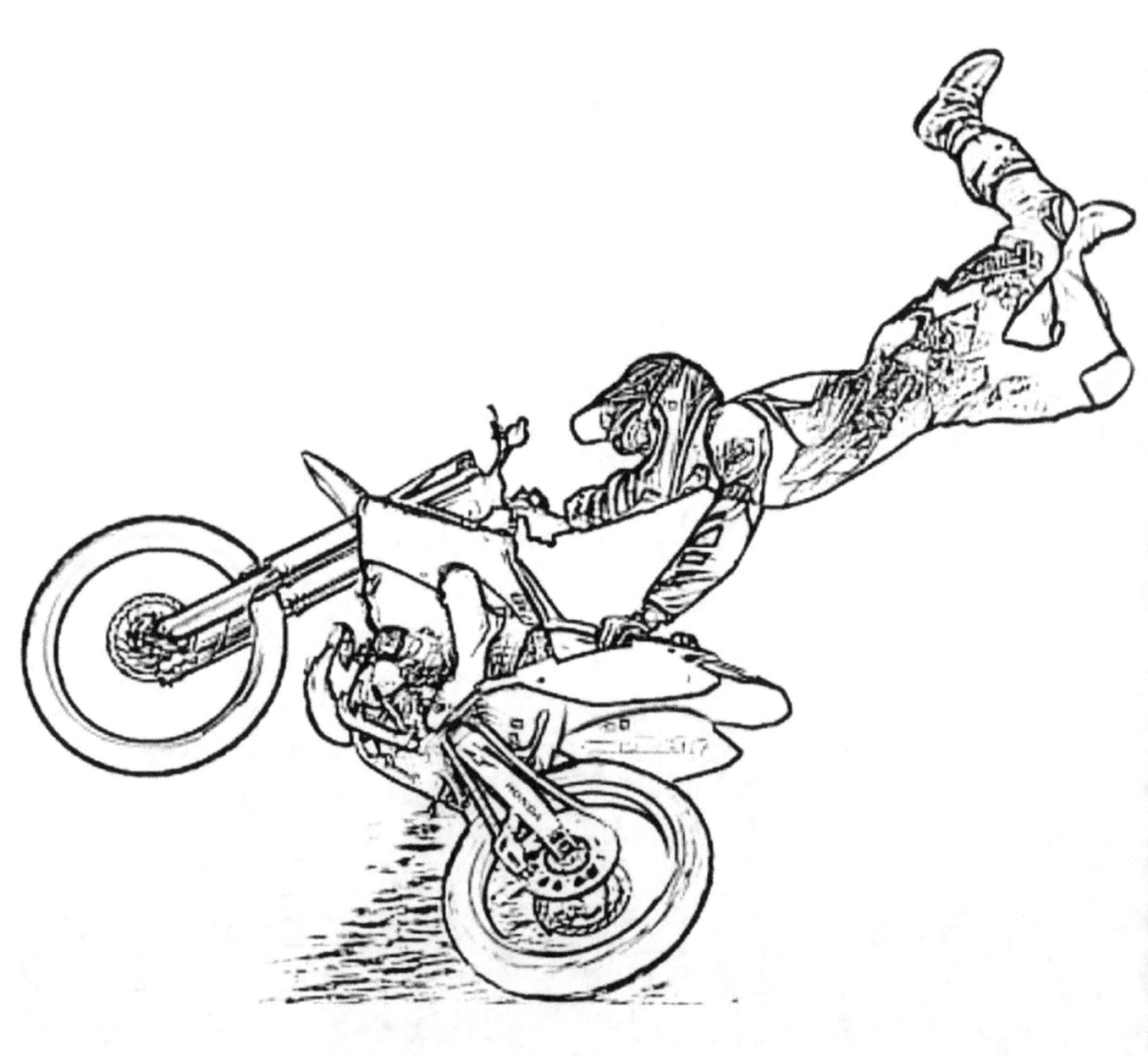

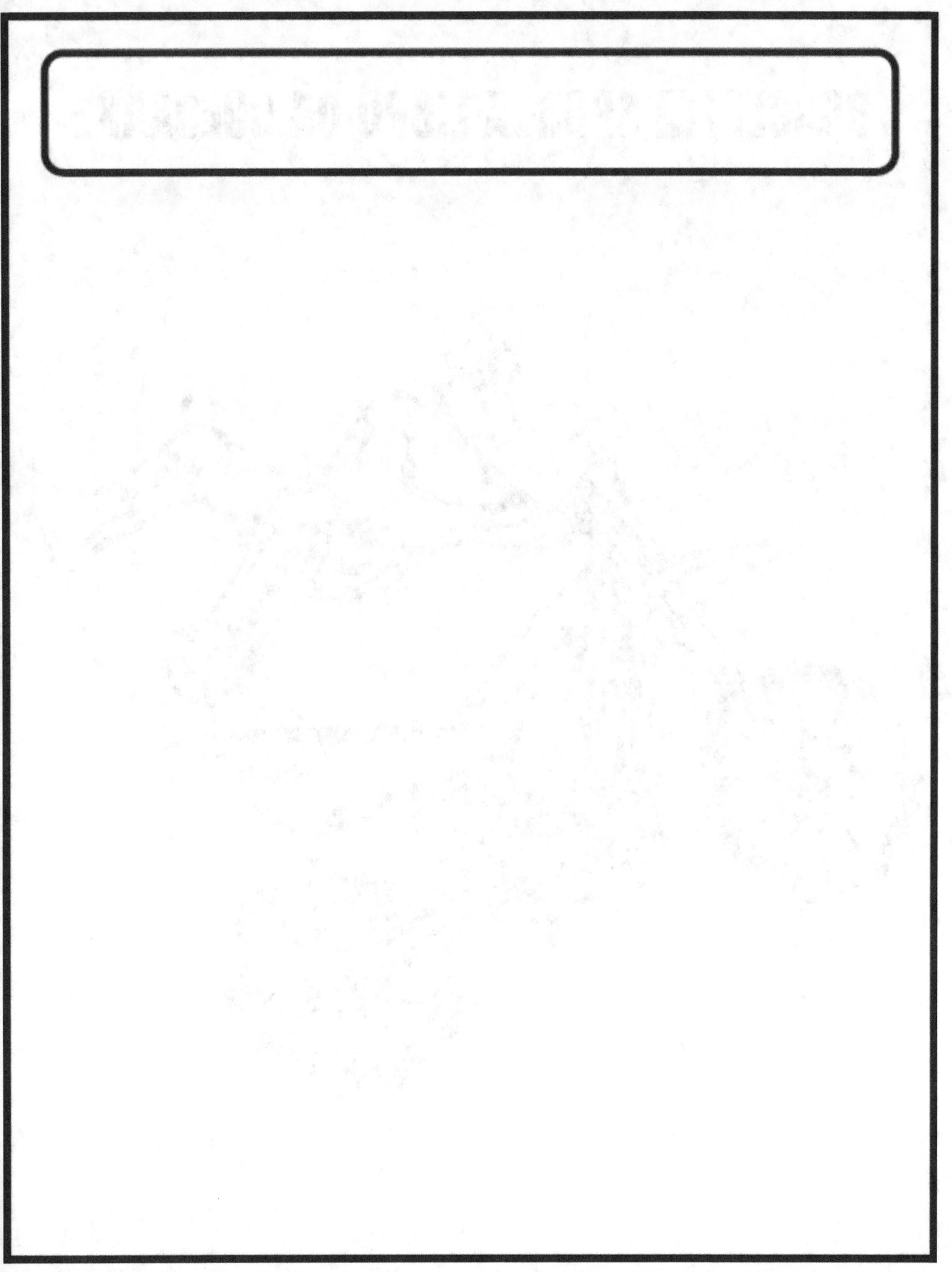

BICICLETTA SPORCA LIBRO DA COLORARE

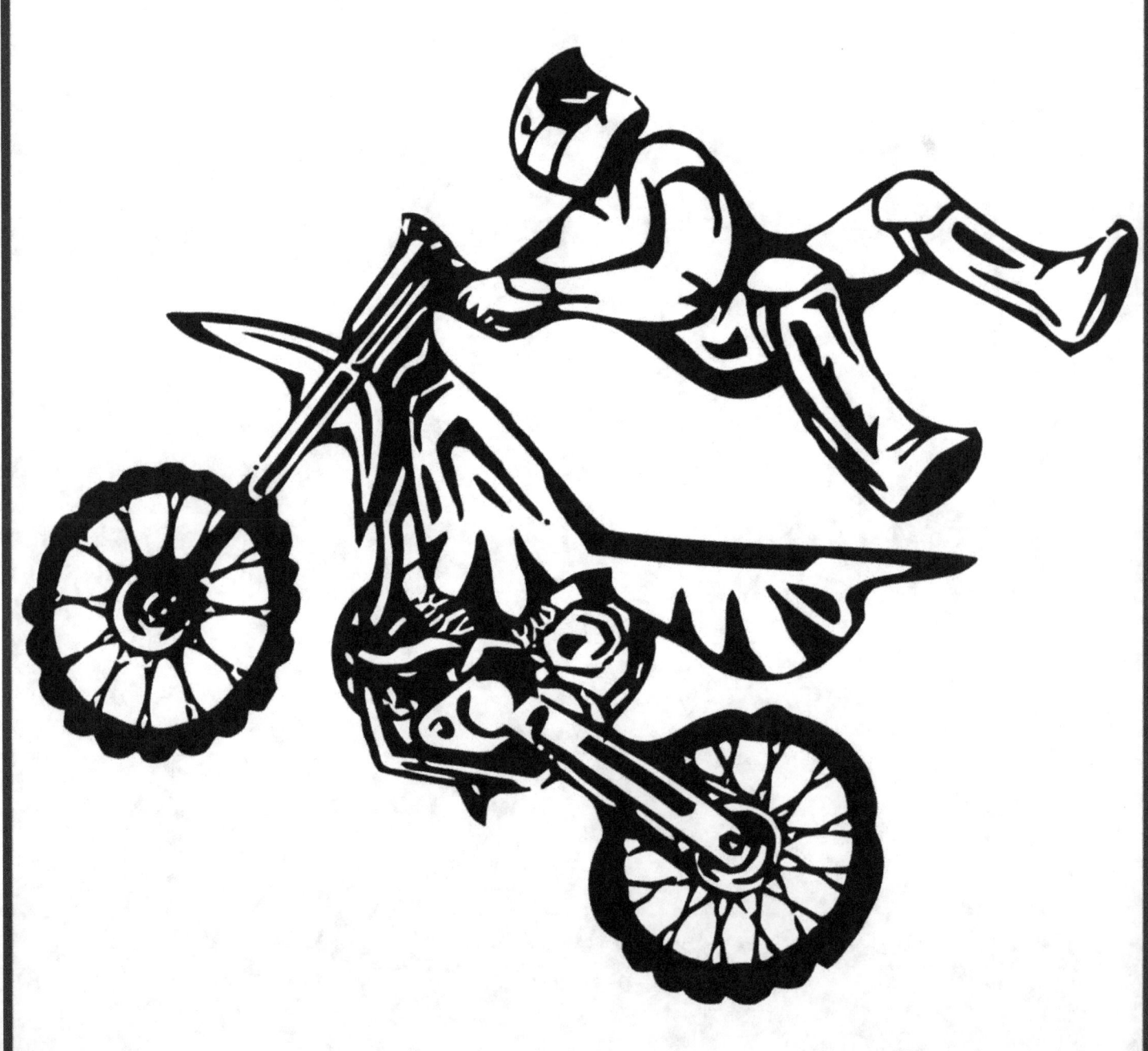

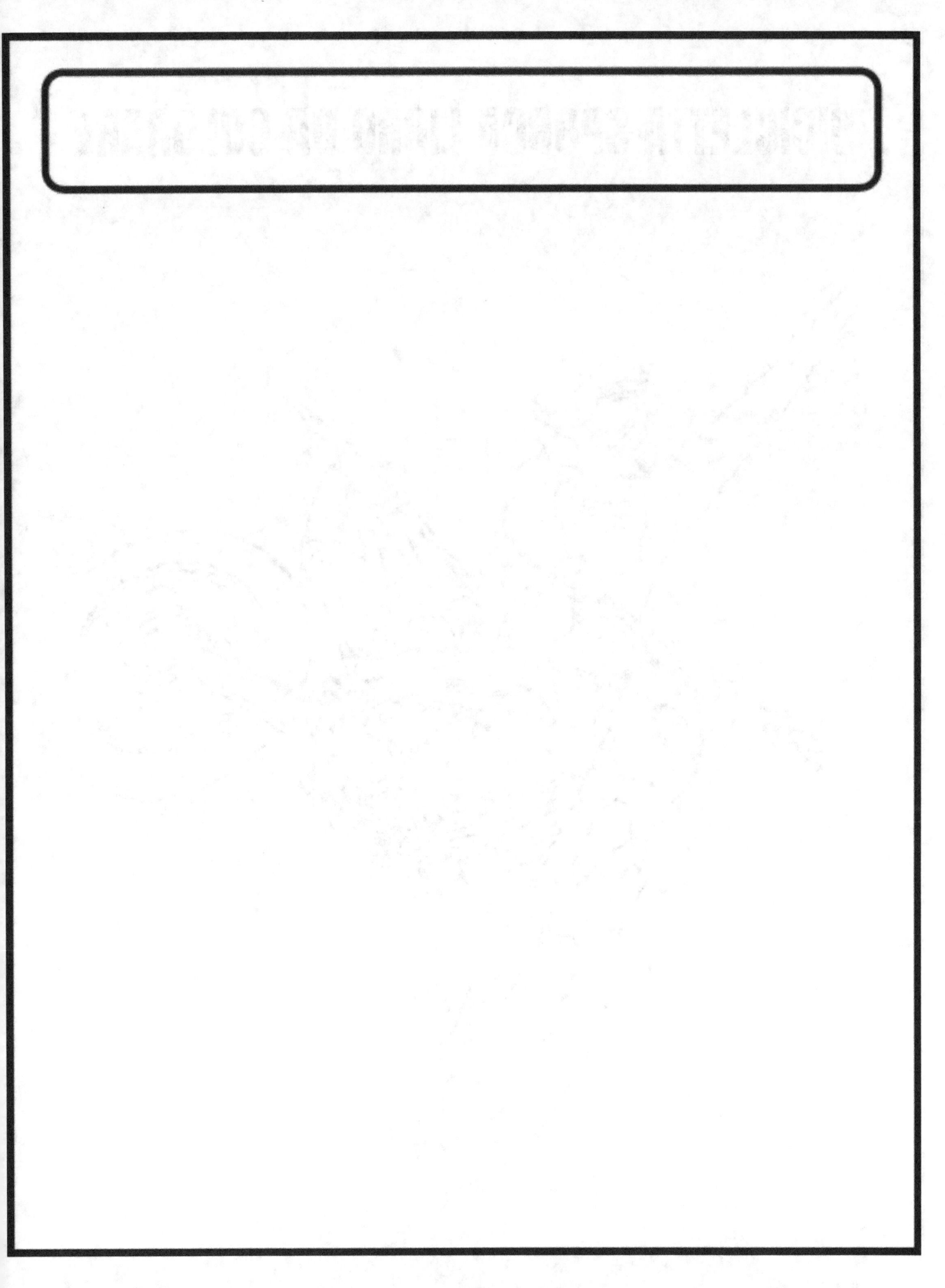

BICICLETTA SPORCA LIBRO DA COLORARE

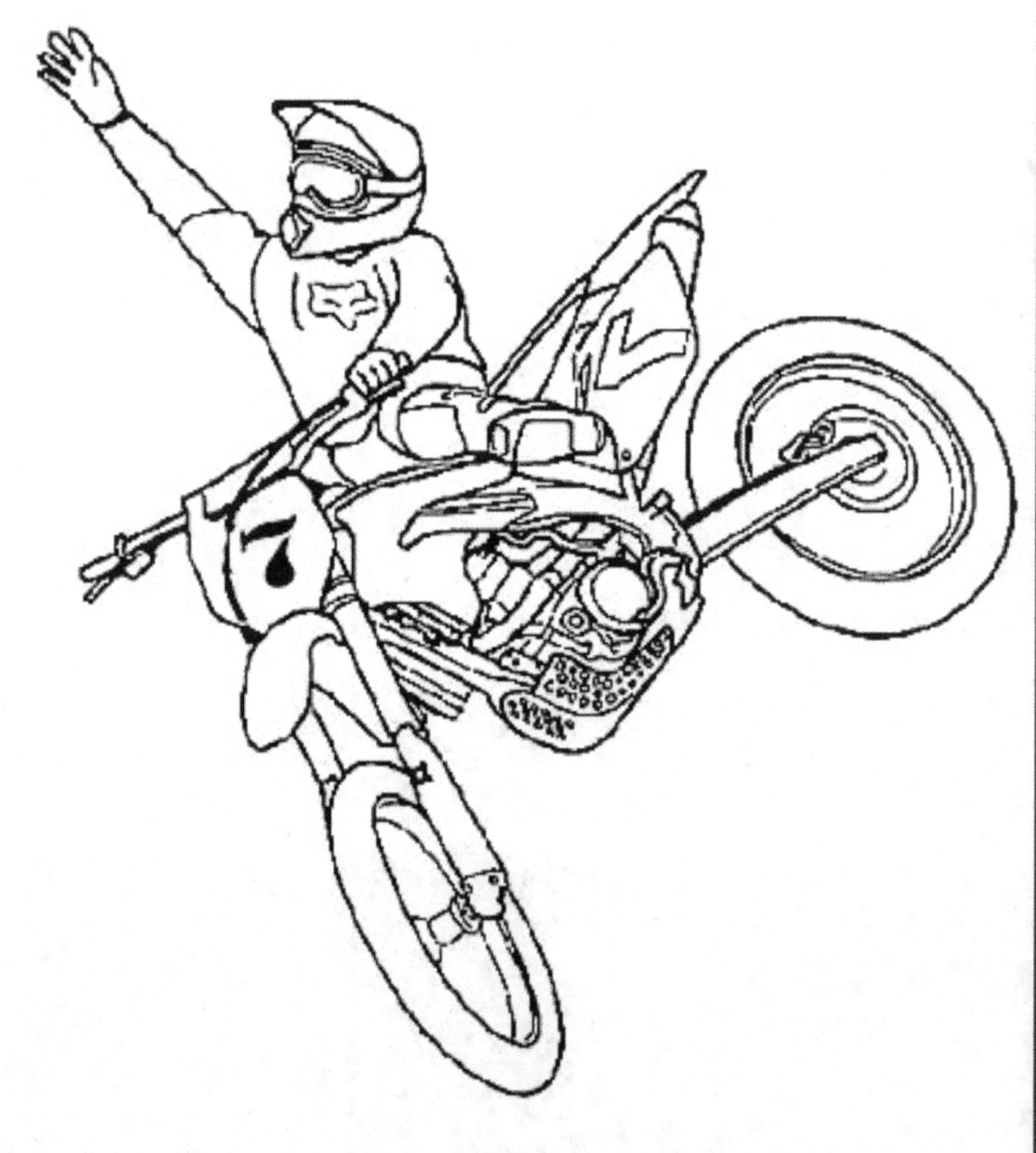

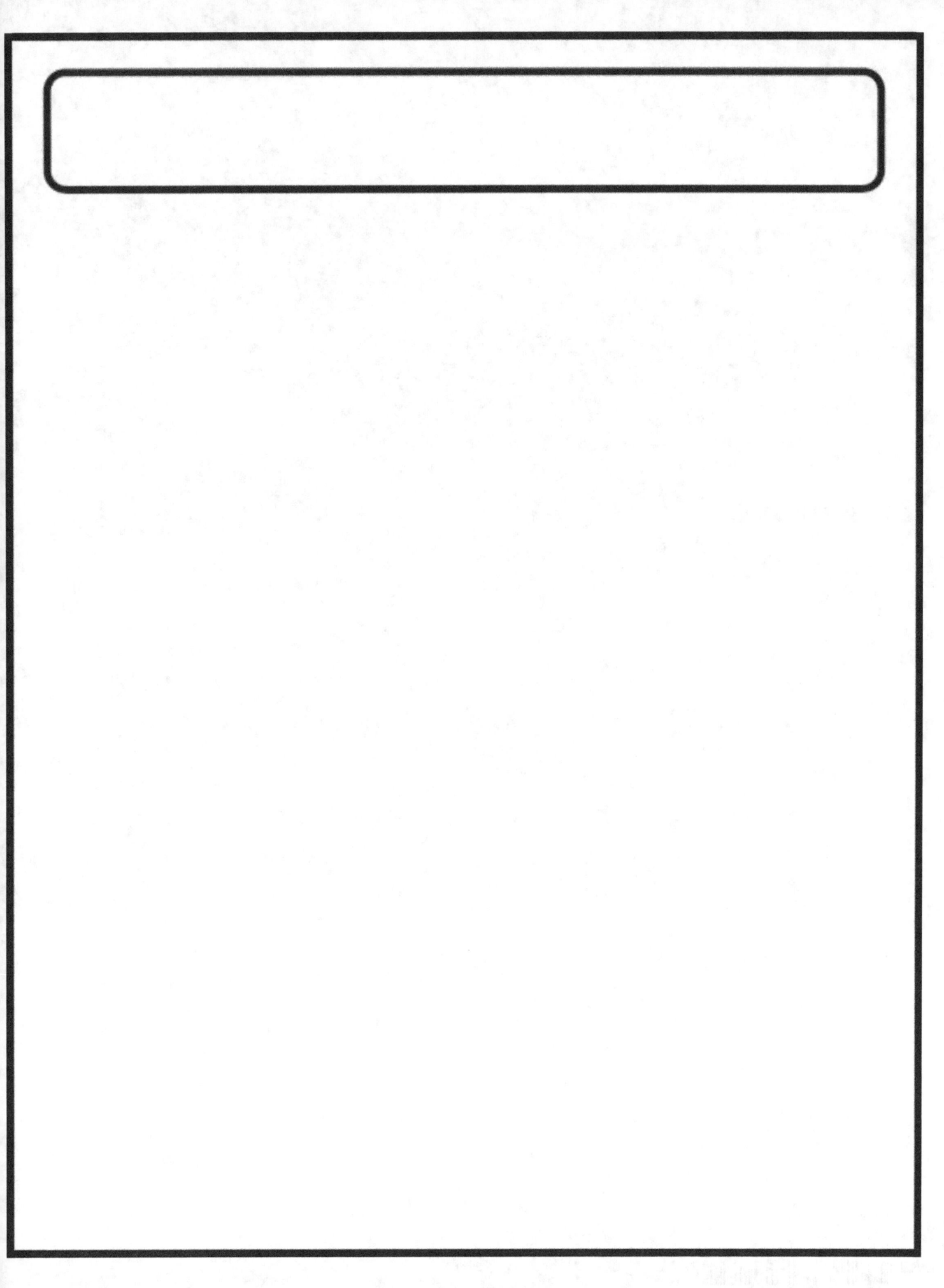